公共卫生思政系列

儿童少年卫生学
课程思政案例集

李秀红　朱艳娜　主编

中山大學出版社
·广州·

版权所有　翻印必究

图书在版编目（CIP）数据

儿童少年卫生学课程思政案例集/李秀红，朱艳娜主编．—广州：中山大学出版社，2023.12
（公共卫生思政系列）
ISBN 978 - 7 - 306 - 07966 - 4

Ⅰ．①儿… Ⅱ．①李…②朱… Ⅲ．①高等学校—思想政治教育—教案（教育）—中国 Ⅳ．①G641

中国国家版本馆 CIP 数据核字（2023）第 253535 号

ERTONG SHAONIAN WEISHENGXUE KECHENG SIZHENG ANLI JI

出 版 人：	王天琪
策划编辑：	吕肖剑
责任编辑：	潘惠虹
封面设计：	曾　斌
责任校对：	舒　思
责任技编：	靳晓虹
出版发行：	中山大学出版社
电　　话：	编辑部 020 - 84110283，84113349，84111997，84110779，84110776
	发行部 020 - 84111998，84111981，84111160
地　　址：	广州市新港西路 135 号
邮　　编：	510275　　　　　传　真：020 - 84036565
网　　址：	http://www.zsup.com.cn　E-mail:zdcbs@ mail.sysu.edu.cn
印 刷 者：	佛山市浩文彩色印刷有限公司
规　　格：	787mm×1092mm　1/16　15.75 印张　220 千字
版次印次：	2023 年 12 月第 1 版　2023 年 12 月第 1 次印刷
定　　价：	56.00 元

如发现本书因印装质量影响阅读，请与出版社发行部联系调换

编 委 会

主编 李秀红　朱艳娜
编委（按姓氏笔画排序）
　　　　王庆雄　刘建安　陈亚军
　　　　金　宇　静　进　蔡　莉

融思政教育于专业培养

——"公共卫生思政系列"丛书序

陈春声

做好课程思想政治（简称"思政"）工作，是落实"三全育人"理念具有关键性意义的重要环节。如何在每一位任课教师的专业课程教学过程中，道法自然，润物无声，将思政教育的养分有机融入高层次专业人才培养的土壤之中，有效地达到知识传授、价值塑造和能力培养多元统一的目标，仍是高等教育界各位同仁正在孜孜以求的重大课题。令人高兴的是，中山大学公共卫生学院的教师们在自己的专业领域做了可贵的探索。中山大学出版社出版的"公共卫生思政系列"丛书，为课程思政工作提供了一个可重复、可借鉴的范例。

中山大学公共卫生学院的教师们在教师党支部的引领下，结合各二级学科的特点和资源，胸怀"立德树人"，培养德智体美劳全面发展的公共卫生事业年轻一代专业工作者的责任感和使命感，编写了《职业卫生与职业医学课程思政案例集》《流行病学课程思政案例集》《儿童少年卫生学课程思政案例集》《营养与食品卫生学课程思政案例集》《环境卫生学课程思政案例集》《卫生管理学课程思政案例集》《卫生毒理学课程思政案例集》《卫生统计学课程思政案例集》和《百年党史中的公共卫生》9本与专业教学内容密切配合的辅助教材。这些教材以丰富、生动的专业案例，着力让学生从公共卫生与预防医学专业课程中体验和感悟爱国精神、专业精神、求实精神及奉献精神，恪守规范，自成体系，讲求情理融汇，以文化人。这样的努力，真的是难能可贵。

公共卫生与预防医学旨在以多学科融合的方式，组织社会力量共同努力，改善环境卫生条件，培养人们良好的卫生习惯和文明的生活方式，研究疾病的发生与分布规律以及影响健康的各种因素，制定预防对策和措施，预防与控制传染病和其他疾病的流行，提供医疗服务，达到促进人民身体健康、提高生命质量的目的。因此，公共卫生与预防医学学科的专业教学内容，天然地蕴含着关注人群、造福百姓、胸怀家国、服务人类命运共同体的思政教育成分。一代代为人类健康事业做出贡献的公共卫生与预防医学领域的前辈学者，更是后来者接续奋斗的不朽榜样。这些都为本学科课程思政教学奠定了厚重的学术基础，提供了丰富而感人的专业案例。

翻阅这套丛书，其中选录的200多个案例内容涵盖古今中外，既包括古代中国与百姓健康相关的思想和实践，也有近代欧美公共卫生与预防医学发展过程中的经验与教训；既系统讲述了苦难辉煌历程中历代中国共产党人对公共卫生事业的重视，也阐释了近年党和国家正确应对重大公共卫生事件的举措和政策；既有本学科发展历程中重要的科学实验、队列研究、疾患救治等丰富而生动的案例，又有一些因生态恶化、环境污染、劳动保护不足等引发对人群健康问题反思的个案。案例平实且深刻，专业而不造作。

习近平总书记高度关注公共卫生与预防医学事业的发展，重视高素质公共卫生人才的培养，明确提出"要建设一批高水平公共卫生学院，着力培养能解决病原学鉴定、疫情形势研判和传播规律研究、现场流行病学调查、实验室检测等实际问题的人才"①。中山大学公共卫生学院的教师们，根据习近平总书记的指示和精神，努力为公共卫生与预防医学高素质人才的自主培养添砖加瓦。相信这套由该学院各二级学科近20位教师合作主编的丛书，对于公共卫生与预防医学专业的教师和学生们来说，都是开卷有益的。

让人印象深刻的是，这套丛书自编写之初就高度重视其运用于专业教学实践的可操作性。丛书各分册的选题和公共卫生与预防医学专业本科教学基础课的体系相衔接，篇章目录与国内大多数公共卫生学院必修课的教学大纲基本一致。尽管这套丛书是集体合作的成果，汇聚了各学科专家和众多工作人员的智慧与辛劳，但保持了体例一致、章节篇幅规整和文字叙述风格相近的特点，较好地达到了专业辅助教材编写的标准。可以说，这是一项在课程思政建设中具有可重复性意义的工作，其经验值得在其他专业的课程思政教学中推广。

中山大学公共卫生与预防医学学科具有优良的办学传统和丰厚的学术积累，在筚路蓝缕、追求卓越的不凡历程中，形成了富有特色的"教学育人为主体、科学研究为先导、服务社会为己任"的办学理念，成绩斐然。尤其令人感佩的是，中山大学公共卫生与预防医学专业师生们的大爱之心和奉献精神。适逢中山大学世纪华诞之际，"公共卫生思政系列"丛书的出版，也可视为献给百年校庆的一份贺礼。

是为序。

---

① 习近平：《构建起强大的公共卫生体系为维护人民健康提供有力保障》，载《求是》2020年第18期，第7页。

目 录

绪 论 ································· 1
  第一节 课程思政教学设计 ················ 1
    一、案例教学适用范围 ·················· 1
    二、课程教学目标 ···················· 1
    三、教学方法 ······················ 2
  第二节 课程思政案例及分析 ··············· 2
    一、《健康中国行动（2019—2030 年）》 ········ 2
    二、二十大报告中关于卫生健康的政策 ··········· 6

第一章 儿童少年生长发育概述 ··············· 12
  第一节 课程思政教学设计 ················ 12
    一、案例教学适用范围 ·················· 12
    二、课程教学目标 ···················· 12
    三、教学方法 ······················ 13
  第二节 课程思政案例及分析 ··············· 13
    一、新型冠状病毒流行期间出生的婴儿 6 月龄时
        神经认知行为发育迟缓 ··············· 13
    二、《1982—2012 年中国 7～17 岁儿童体格发育
        变化趋势分析》 ·················· 18

三、儿童少年生长发育中的矛盾 …………………………… 25

第二章　儿童少年身体发育 …………………………………………… 30
　第一节　课程思政教学设计 ……………………………………… 30
　　一、案例教学适用范围 …………………………………………… 30
　　二、课程教学目标 ………………………………………………… 30
　　三、教学方法 ……………………………………………………… 31
　第二节　课程思政案例及分析 …………………………………… 31
　　一、唐锡麟——儿童少年生长发育著名专家 ……… 31
　　二、2021年中国营养学会组织编写的《学龄儿童
　　　　体重管理营养指导规范》……………………………… 35
　　三、《中国儿童和青少年的身体活动与健康：专家
　　　　共识声明》………………………………………………… 38

第三章　儿童少年心理行为发育 …………………………………… 44
　第一节　课程思政教学设计 ……………………………………… 44
　　一、案例教学适用范围 …………………………………………… 44
　　二、课程教学目标 ………………………………………………… 44
　　三、教学方法 ……………………………………………………… 45
　第二节　课程思政案例及分析 …………………………………… 46
　　一、青少年大脑认知发育研究：有助于揭示成年期
　　　　的心理行为问题 ………………………………………… 46
　　二、中国上海流动儿童的文化适应性队列研究 …… 53

第四章　青春期生长发育 …………………………………………… 56
　第一节　课程思政教学设计 ……………………………………… 56
　　一、案例教学适用范围 …………………………………………… 56
　　二、课程教学目标 ………………………………………………… 56

三、教学方法 …………………………………………… 57
　第二节　课程思政案例及分析 ………………………………… 58
　　叶恭绍——妇幼卫生保健与儿童少年卫生领域的
　　　开创者 ……………………………………………………… 58

第五章　生长发育影响因素 ……………………………………… 66
　第一节　课程思政教学设计 …………………………………… 66
　　　一、案例教学适用范围 …………………………………… 66
　　　二、课程教学目标 ………………………………………… 66
　　　三、教学方法 ……………………………………………… 67
　第二节　课程思政案例及分析 ………………………………… 67
　　　一、影响儿童青少年身高增长的重要因素 ……………… 67
　　　二、中国经济发展与中国学龄儿童和青少年营养
　　　　　状况 …………………………………………………… 75

第六章　生长发育调查与评价 …………………………………… 88
　第一节　课程思政教学设计 …………………………………… 88
　　　一、案例教学适用范围 …………………………………… 88
　　　二、课程教学目标 ………………………………………… 88
　　　三、教学方法 ……………………………………………… 89
　第二节　课程思政案例及分析 ………………………………… 89
　　　一、全国学生体质与健康调研工作 ……………………… 89
　　　二、中国0～18岁儿童青少年身高、体重的标准化
　　　　　生长曲线 ……………………………………………… 98

第七章　儿童少年健康问题和健康促进策略 …………………… 107
　第一节　课程思政教学设计 …………………………………… 107
　　　一、案例教学适用范围 …………………………………… 107

二、课程教学目标……107
　　三、教学方法……108
第二节　课程思政案例及分析……109
　　一、中国儿童青少年主要健康问题……109
　　二、邓桂芬与我国儿少卫生事业……112
　　三、《健康儿童行动提升计划（2021—2025年）》…115

第八章　儿童少年常见病防治……120
第一节　课程思政教学设计……120
　　一、案例教学适用范围……120
　　二、课程教学目标……120
　　三、教学方法……121
第二节　课程思政案例及分析……121
　　一、中国儿童面临的双重负担——营养不良和超重与肥胖……121
　　二、中国2000—2020年0～14岁儿童缺铁性贫血患病率的Meta分析……126
　　三、"具体问题具体分析"的马克思主义方法论在儿童少年常见病防治中的应用……129

第九章　儿童少年慢性病……133
第一节　课程思政教学设计……133
　　一、案例教学适用范围……133
　　二、课程教学目标……133
　　三、教学方法……134
第二节　课程思政案例及分析……135
　　一、儿童恶性肿瘤……135
　　二、中国大庆糖尿病预防研究：世界2型糖尿病

　　　　一级预防里程碑式研究……………………………… 140

第十章　儿童少年传染病…………………………… 146

第一节　课程思政教学设计………………………… 146
　　一、案例教学适用范围……………………………… 146
　　二、课程教学目标…………………………………… 146
　　三、教学方法………………………………………… 147

第二节　课程思政案例及分析……………………… 147
　　一、2008—2017年中国儿童青少年法定传染病
　　　　流行特点………………………………………… 147
　　二、新冠疫情的发现：保持对传染病的警觉性
　　　　和敏感性………………………………………… 150
　　三、顾方舟：我这一生，只做了一件事…………… 153

第十一章　儿童少年心理卫生问题………………… 156

第一节　课程思政教学设计………………………… 156
　　一、案例教学适用范围……………………………… 156
　　二、课程教学目标…………………………………… 156
　　三、教学方法………………………………………… 157

第二节　课程思政案例及分析……………………… 157
　　一、《健康中国行动——儿童青少年心理健康行动
　　　　方案（2019—2022年）》……………………… 157
　　二、重大突发公共卫生事件下学龄儿童心理健康
　　　　研究进展………………………………………… 161

第十二章　儿童少年伤害和暴力…………………… 168

第一节　课程思政教学设计………………………… 168
　　一、案例教学适用范围……………………………… 168

二、课程教学目标……………………………………… 168
　　三、教学方法…………………………………………… 169
第二节　课程思政案例及分析………………………………… 169
　　一、石家庄栾城区第五中学校园霸凌暴力事件……… 169
　　二、5·12 陕西南郑幼儿园凶杀案…………………… 172

第十三章　学校卫生服务与卫生监督………………………… 177
第一节　课程思政教学设计…………………………………… 177
　　一、案例教学适用范围………………………………… 177
　　二、课程教学目标……………………………………… 177
　　三、教学方法…………………………………………… 178
第二节　课程思政案例及分析………………………………… 178
　　一、加强学校结核病防控监督工作…………………… 178
　　二、校园食品安全问题………………………………… 182

第十四章　教育过程卫生……………………………………… 187
第一节　课程思政教学设计…………………………………… 187
　　一、案例教学适用范围………………………………… 187
　　二、课程教学目标……………………………………… 187
　　三、教学方法…………………………………………… 188
第二节　课程思政案例及分析………………………………… 188
　　一、北京中小学课表迎来新变化……………………… 188
　　二、美国开国元勋富兰克林的"5 小时原则"……… 192
　　三、使命的召唤　时代的强音——"文明其精神
　　　　野蛮其体魄"………………………………………… 196

第十五章　学校教育教学设施与设备卫生…………………… 201
第一节　课程思政教学设计…………………………………… 201

一、案例教学适用范围…………………………… 201
　　二、课程教学目标………………………………… 201
　　三、教学方法……………………………………… 202
　第二节　课程思政案例及分析………………………… 202
　　一、学校营养餐计划：舌尖上的校园…………… 202
　　二、让校车成为放心的"生命方舟"……………… 205

第十六章　学校健康教育与健康促进…………………… 210
　第一节　课程思政教学设计…………………………… 210
　　一、案例教学适用范围…………………………… 210
　　二、课程教学目标………………………………… 210
　　三、教学方法……………………………………… 211
　第二节　课程思政案例及分析………………………… 212
　　一、落实健康中国战略…………………………… 212
　　二、健康促进学校初中生控制吸烟干预效果评价…… 215

第十七章　学校突发公共卫生事件应急处理…………… 226
　第一节　课程思政教学设计…………………………… 226
　　一、案例教学适用范围…………………………… 226
　　二、课程教学目标………………………………… 226
　　三、教学方法……………………………………… 227
　第二节　课程思政案例及分析………………………… 227
　　学校群体心因性反应事件………………………… 227

绪　　论

第一节　课程思政教学设计

一、案例教学适用范围

本案例适用于"儿童少年卫生学"本科生和研究生课程中绪论的教学。

二、课程教学目标

1. 知识目标

（1）掌握儿童少年卫生学的定义、研究对象、研究任务和主要研究内容。

（2）了解儿童少年卫生学的发展简史和发展概况。

2. 能力目标

儿童少年卫生学是一门以现代健康观和健康促进理念为引领的学科。通过对本学科知识的学习，学生能够从整体上认识儿童少年卫生学，把握学科特性和主要研究内容。

3. 价值目标

（1）通过小组案例分析的教学活动，增强学生理论和实践相结合的能力，不断提升学生问题解决能力和团队协作能力。

（2）通过案例教学，让学生了解科研素养的重要性，鼓励学生坚定科研理想信念，激发学生的创新精神，培养学生的爱国情怀和社会责任感。

三、教学方法

绪论适宜采用翻转课堂教学。学生提前自学慕课和讨论案例，线下理论课程可充分结合教师讲授、学生听课、小组案例分析等授课形式。教师提出讨论问题，将课程教学的知识目标、能力目标和价值目标融入案例分析。

第二节　课程思政案例及分析

一、《健康中国行动（2019—2030年）》

（一）案例内容

儿童少年卫生学以儿童为主要研究对象，以我国儿童、少年生长发育规律特点以及影响儿童健康的卫生服务、社会环境、自然环境和遗传等方面因素为主要研究内容，是公共卫生领域下具有重要战略意义的学科。该学科是一门综合运用预防医学、临床医学、心理学、社会学和管理学等多学科的知识和技术，保护和促进儿童和青少年健康的新型学科。孕产妇、新生儿、儿童和少年健康，是下一代健康发展的基石，是未来人口和社会进步的动力。尤其是在中国人口老龄化、低生育率的时代，提高该群体的健康水平和生命质量，成为儿童少年卫生（简称"儿少卫生"）和妇幼卫生工作者肩负的社会责任。

2016年10月25日，中共中央、国务院印发了《"健康中国2030"规划纲要》，指出"'共建共享、全民健康'，是建设健康中国的战略主题"[①]。

在中国共产党的领导下，我国妇幼健康事业发展取得显著成就，孕产妇和儿童死亡率显著下降，农村妇幼保健工作明显改善，妇幼健康水平全面提升。在中国走向"确保健康和福祉"目标的道路上，孕产妇、新生儿、儿童和青少年健康的重点，已经从减少孕产妇和儿童死亡转移到对高质量保健需求的日益增长上。

在生殖健康领域，人们越来越关注生育意愿的降低和延迟、避孕和流产、不孕不育和辅助生殖技术、性传播疾病、生殖系统癌症和人类乳头瘤病毒疫苗，以及性暴力和基于性别的暴力等问题。在孕产妇和新生儿健康领域，人们关注的重点是安全孕产，死胎，新生儿疾病，孕产妇、胎儿和新生儿营养以及孕产妇心理健康。在儿童和青少年健康领域，人们关注的重点已转移到伤害、危险行为、心理健康和弱势儿童保护等问题上。与此同时，我国面临着人口结构、生活方式、环境的变化。联合国可持续发展目标（Sustainable Development Goals，SDGs）也将重点从提高孕产妇和儿童生存率扩展到改善整个生命期的健康。这一重点也已纳入《"健康中国2030"规划纲要》中。

2019年7月9日，我国成立了健康中国行动推进委员会，制定印发了《健康中国行动（2019—2030年）》，明确提出了实施妇幼健康促进行动的行动目标、实现路径和工作措施，并结合

---

① 《印发〈"健康中国2030"规划纲要〉》，载《人民日报》2016年10月26日第1版。

实际合理提出个人倡导性措施和政府工作措施。其中，妇幼健康促进行动针对社会和政府提出十项工作措施：完善妇幼健康服务体系；优化生育全程服务；加强婚育指导、避孕服务和女职工保护；开展孕前保健和产前筛查服务；保障母婴安全；开展新生儿筛查和救治；落实 0～6 岁儿童健康管理；加强儿童早期发展服务；防治妇女、儿童常见病；开展妇幼健康中医药服务。面向个人和家庭提出五大健康倡议：积极准备，孕育健康新生命；定期产检，保障母婴安全；科学养育，促进儿童健康成长；加强保健，预防儿童疾病；关爱女性，促进生殖健康。《健康中国行动（2019—2030 年)》提出，将继续坚持"大妇幼、大健康"理念，坚持和发展"保健与临床相结合、个体与群体相结合、中医与西医相结合"这一具有中国特色的妇幼健康发展道路，以提高妇女、儿童健康水平为核心，为妇女、儿童提供连续、综合、规范的医疗保健服务，推动相关政策措施和服务有效衔接，实现对妇女、儿童全方位、全周期的服务和保障。同时，《健康中国行动（2019—2030 年)》提出，继续推进农村妇女宫颈癌和乳腺癌（简称"两癌"）筛查工作，制定预期性指标，进一步明确各有关部门职责，共同织起促进妇女、儿童健康的政策保障网。针对出生缺陷、儿童重大疾病、妇女"两癌"等影响儿童、妇女健康的突出问题和主要影响因素，精准施策，补齐短板，预防和减少儿童、妇女疾病的发生。总之，《健康中国行动（2019—2030 年)》以满足妇女、儿童美好生活需要为目标，创新服务理念、拓展服务内涵、提升服务功能，实现对妇女、儿童全方位、全周期健康保障，促进妇女、儿童全面发展。

2019 年 12 月 18 日，国家卫生健康委员会（简称"国家卫生健康委"）等部门联合制定和发布了《健康中国行动——儿童青少年心理健康行动方案（2019—2022 年)》。近年来，我国儿童青少年心理行为问题发生率和精神障碍患病率逐渐上升，成为重要的公共卫生问题。其中，注意缺陷多动障碍（attention-deficit hyperactivity disorder，ADHD）和孤独症谱系障碍（autism spectrum disorder，ASD）的发病机制、影响因素和干预模式被广泛研究。静进、王馨一直致力于儿童青少年心理行为发育研究，于2019年在《中国实用儿科杂志》发表《孤独症谱系障碍的多学科合作研究与干预》一文。其研究结果指出，孤独症谱系障碍是一组临床异质性高的神经发育障碍性疾病，常伴有共患病，其病因尚不明确，终身致残率高，可致儿童、青少年和成人在社交、认知和语言发展以及适应性功能等多个方面的障碍。在研究和干预中，多学科（multidisciplinary）合作是新趋势，以从不同层面探究病因机制和临床转化，提倡集合不同专业背景的人员对ASD患者及其家庭提供帮助，对临床诊断、教育、健康和社会关怀等方面的决策制定提供支持。开展儿童青少年心理健康工作，对于帮助他们培养健全的人格、形成自信自强的精神品质、树立理想信念和生活目标都至关重要。对此，静进于2017年在《中国心理卫生杂志》上发表《对当前儿童少年心理卫生问题的理解及对策建议》一文。该文指出，儿童心理问题的早发现、早诊断和早干预矫治，对提高儿童生活质量具有深远而重要的意义。政府的统筹规划是建设和完善儿童心理卫生服务体系的保障。相关法规条例的颁布与实施逐渐将精神卫生（心理卫生）纳入国民经济和社会发展规划，以促进医学、师范院校的人才培养，扭转现有专业人员不足的局面。医院与学校应结合地区实际，开展心理卫生科学研究，为儿童心理卫生问题的防治及心理健康水平的促进提供依据。社区应定期开展心理健康指导与心理卫生知识宣传教育活动，提高公众意识，逐步构建儿童青少年心理卫生服务平台。此外，还需充分调动中国残疾人联合会等政府组织的积极性，加强其与民间组织的交流合作。通过充分动员社会力量，使医院、学校、社区有机结合，逐步完善儿童青少年心理卫生的三级预防网络体系。

（二）案例分析

《健康中国行动（2019—2030年）》中，妇幼健康促进行动针对社会和政府提出十项工作措施：完善妇幼健康服务体系；优化生育全程服务；加强婚育指导、避孕服务和女职工保护；开展孕前保健和产前筛查服务；保障母婴安全；开展新生儿筛查和救治；落实0～6岁儿童健康管理；加强儿童早期发展服务；防治妇女、儿童常见病；开展妇幼健康中医药服务。

请以此为背景讨论：作为一名儿少卫生和妇幼健康领域从业者，你能在上述十大健康倡议中做出哪些努力与贡献？

（1）小组讨论：5～6名学生为一组，对案例所提问题进行分析、讨论。然后，各组推举代表就某一个问题或多个问题阐述观点。

（2）围绕《健康中国行动（2019—2030年）》中的妇幼健康行动内容，结合儿童少年卫生学相关知识，提出一个科学研究主题。

二、二十大报告中关于卫生健康的政策

（一）案例内容

党和国家一直重视妇女和儿童健康，提高我国妇女和儿童健康水平，是增进人民福祉的任务之一。2022年10月16日，习近平总书记代表中国共产党第十九届中央委员会，在中国共产党第二十次全国代表大会（简称"二十大"）上作了题为《高举中国特色社会主义伟大旗帜　为全面建设社会主义现代化国家而团结奋斗》的报告。党的二十大报告提出，"把保障人民健康放在优先发展的战略位置，完善人民健康促进政策。优化人口发展战略，建立生育支持政策体系，降低生育、养育、教育成本。实施积极应对人口老龄化国家战略，发展养老事业和养老产业，优化孤寡老人服务，推动实现全体老年人享有基本养老服务。深化医药卫生体制改革，促进医保、医疗、医药协同发展和治理。促进优质医疗资源扩容和区域均衡布局，坚持预防为主，加强重大慢性病健康管理，提高基层防病治病和健康管理能力。深化以公益性为导向的公立医院改革，规范民营医院发展。发展壮大医疗卫生队伍，把工作重点放在农村和社区。重视心理健康和精神卫生。促进中医药传承创新发展。创新医防协同、医防融合机制，健全公共卫生体系，提高重大疫情早发现能力，加强重大疫情防控救治体系和应急能力建设，有效遏制重大传染性疾病传播。深入开展健康中国行动和爱国卫生运动，倡导文明健康生活方式"①。国家将更加重视对生育的系统支持，将统筹考虑影响生育的不同因素，综合施策，共担责任。这体现了党和国家对该问题的高度重视，是制度层面的重大进展。从治国理政的战略高度为生育提供支持，优化生育环境，将更好地为广大妇女及其家庭解决后顾之忧，对促进妇女全面发展也具有重大意义。而且，二十大报告进一步提出："坚持男女平等基本国策，保障妇女儿童合法权益。"这彰显了一以贯之的政治主张和价值追求，为实现妇女平等依法行使民主权利、平等参与经济社会发展、平等享有改革发展成果提供了根本政治保证。

儿童青少年处于生长发育的关键阶段，此阶段易受到遗传、环境、膳食和自身行为等因素的影响。近年来，儿童青少年健康

---

① 习近平：《高举中国特色社会主义伟大旗帜　为全面建设社会主义现代化国家而团结奋斗——在中国共产党第二十次全国代表大会上的报告（2022年10月16日）》，载《人民日报》2022年10月16日第1版。

不良问题呈现高发趋势,与生活方式相关疾病如近视、肥胖等呈现流行状态。新时代下的学校卫生工作要呼应健康中国行动,落实政府责任与担当,实现学生健康全面覆盖。学业负担加重和电子产品使用的增加,导致儿童青少年近视率上升。据估计,到2050年,全球近视人数将达到47.58亿,占总人口的49.8%,其中,约9.38亿人口会发展为高度近视或病理性近视。近视不仅会影响身体、心理、认知、社会功能和生活质量,增加社会经济负担,而且与一系列严重的疾病如黄斑病变、视网膜脱离、青光眼和白内障等相关。2015年公布的一项随机对照试验结果显示,与标准活动相比,在学校增加40分钟的户外活动,可降低三年随访期的近视发病率。

2018年8月30日,教育部、国家卫生健康委等八部门联合印发《综合防控儿童青少年近视实施方案》,提出了到2030年我国6岁儿童近视率控制在3%左右的目标。[1]

2022年,陶芳标发表《中国儿童青少年近视病因模型及其政策与策略导向的预防控制》,分析了中国儿童近视近端、远端和中间因素及其交互影响,建立了我国儿童青少年近视的病因模型。该文倡导以政策与策略为导向,多部门协同推进,落实职责与任务,全社会共同参与,从全生命历程、重点人群及全人群等多个视角整合近视防控措施,更高效、全方位地促进儿童青少年视力健康。[2]

伴随着电子屏幕使用时间增加,不健康饮食模式、久坐不动等生活方式成为常态,超重与肥胖已经成为影响我国儿童青少年身心健康的公共卫生问题。1995—2014年,我国儿童青少年超

---

[1] 参见陈鹏《8部门联合印发〈综合防控儿童青少年近视实施方案〉》,载《光明日报》2018年8月31日第1版。

[2] 参见陶芳标《中国儿童青少年近视病因模型及其政策与策略导向的预防控制》,载《安徽预防医学杂志》2002年第4期,第261-265页。

重率从 4.2% 上升到 14.0%，肥胖率从 1.0% 上升到 6.4%。2014 年，7～18 岁城市男生的肥胖率最高（11.5%）。最新调查数据显示，全国有超过 50% 的成年人和近 20% 的学龄儿童、青少年超重与肥胖。

1982 年，教育部下发《关于保证中小学生每天有一小时体育活动的通知》，明确要求："一、每天坚持做眼保健操和课间操（或早操）；二、每周上好两节体育课；三、凡是没有体育课的当天，都要安排一次课外体育活动。此外，要保证学生课间十分钟到室外休息或活动。"①

2016 年，中共中央、国务院印发的《"健康中国 2030"规划纲要》提出要"加强学生近视、肥胖等常见病防治"②。当前，对儿童超重与肥胖的干预主要集中在体力活动、营养、综合生活方式等方面。目前，尚无充分的循证证据表明何种干预方法和实施路径是儿童超重与肥胖的最佳干预手段。

2022 年，陈亚军团队发现，传统的体力活动联合营养干预，仍然是儿童超重与肥胖的最佳干预手段。③

（二）案例分析

党的二十大报告强调，推进健康中国建设，把保障人民健康放在优先发展的战略位置，建立生育支持政策体系并健全公共卫生体系。

请以此为背景讨论：作为一名儿少卫生和妇幼健康领域从业

---

① 胡寅生、戚长福、肖云瑞主编：《小学教师之友　学校教育与管理卷》，人民教育出版社 1990 年版，第 112 页。
② 《印发〈"健康中国 2030"规划纲要〉》，载《人民日报》2016 年 10 月 26 日，第 1 版。
③ Liang J H, Zhao Y, Chen Y C, et al. "Face-to-face Physical Activity Incorporated into Dietary Intervention for Overweight/Obesity in Children and Adolescents: A Bayesian Network Meta-analysis," *BMC Medicine*, 2022, 20 (1), p. 325.

者,你能做出哪些努力和贡献?

(1) 在课堂上,把全班同学分成若干学习小组,围绕相应主题展开讨论。课堂小组活动强调全员参与、人人发言,并选派代表总结发言内容。

(2) 教师选择实践场地,围绕党的二十大报告和儿童少年卫生学,确定一个主题,引导学生在现实的生活场景中对书本知识进行实地操作,激发学生学习的自主性与能动性,进而巩固书本知识。

参考文献

[1] 陈鹏. 8部门联合印发《综合防控儿童青少年近视实施方案》[N]. 光明日报,2018-08-31 (1).

[2] 胡寅生,戚长福,肖云瑞. 小学教师之友 学校教育与管理卷 [M]. 北京:人民教育出版社,1990.

[3] 健康中国行动推进委员会办公室. 健康中国行动文件汇编 [M]. 北京:人民卫生出版社,2019.

[4] 静进,王馨. 孤独症谱系障碍的多学科合作研究与干预 [J]. 中国实用儿科杂志. 2019,34 (8):628-632.

[5] 静进. 对当前儿童少年心理卫生问题的理解及对策建议 [J]. 中国心理卫生杂志. 2017,31 (12):937-940.

[6] 陶芳标. 儿童少年卫生学 [M]. 8版. 北京:人民卫生出版社,2017.

[7] 陶芳标. 中国儿童青少年近视病因模型及其政策与策略导向的预防控制 [J]. 安徽预防医学杂志. 2022,28 (4):261-265.

[8] 习近平. 高举中国特色社会主义伟大旗帜 为全面建设社会主义现代化国家而团结奋斗:在中国共产党第二十次全国代表大会上的报告 [J]. 人民日报,2022-10-16 (1).

［9］印发《"健康中国2030"规划纲要》［N］. 人民日报，2016-10-26（1）.

［10］LIANG J H, ZHAO Y, CHEN Y C, et al. Face-to-face physical activity incorporated into dietary intervention for overweight/obesity in children and adolescents: a Bayesian network meta-analysis［J］. BMC Medicine, 2022, 20（1）：325.

［11］QIAO J, WANG Y, LI X, et al. A Lancet Commission on 70 years of women's reproductive, maternal, newborn, child, and adolescent health in China［J］. Lancet. 2021, 397（10293）：2497-2536.

（静　进）

第一章 儿童少年生长发育概述

第一节 课程思政教学设计

一、案例教学适用范围

本案例适用于"儿童少年卫生学"本科生和研究生课程中儿童少年生长发育概述相关章节的教学。

二、课程教学目标

1. 知识目标

（1）掌握儿童少年生长发育的基本概念，描述儿童生长发育的测量指标。

（2）识别儿童少年生长发育的一般规律，解释生长发育连续性与阶段性的统一。

（3）讨论生长发育理论观点在维护儿童少年生长环境和健康促进中的作用。

2. 能力目标

（1）通过案例分析，使学生更好地理解生长和发育的区别与联系。

(2) 通过案例分析，引入儿童少年生长发育的一般规律，掌握矛盾的同一性与斗争性。

3. 价值目标

(1) 通过小组案例分析的教学活动，增强学生的学习主动性、成就感和自信心，培养学生的团队协作能力。

(2) 通过案例教学，让学生了解科研素养的重要性，鼓励学生坚定科研理想信念，激发学生的创新精神，培养学生的爱国情怀和社会责任感。

三、教学方法

本章课程适宜采用翻转课堂教学。学生提前自学慕课和讨论案例，线下理论课程授课可充分结合教师讲授、学生听课、小组案例分析等授课形式。教师提出讨论问题，将课程教学的知识目标、能力目标和价值目标融入案例分析。

第二节　课程思政案例及分析

一、新型冠状病毒流行期间出生的婴儿6月龄时神经认知行为发育迟缓

(一) 案例内容

2022年，"Association of Birth During the COVID-19 Pandemic with Neurodevelopmental Status at 6 Months in Infants with and Without in Utero Exposure to Maternal SARS-CoV-2 Infection"（《新型冠状病毒肺炎流行期间出生的婴儿与6月龄神经发育的关联性研

究》）在儿科领域顶级期刊 JAMA Pediatrics（《美国医学会杂志·儿科学》）上发表。

自新型冠状病毒感染①（简称"新冠病毒感染"）大流行以来，全球已有超过 2 亿名婴儿出生。其中，保守估计有数百万名婴儿在母体子宫内曾暴露于新冠病毒感染。尽管新冠病毒从母亲到胎儿的垂直传播很少见，但仍有必要确定胎儿期暴露于母体新冠病毒感染与儿童神经发育状态之间的关联。再者，新冠病毒对婴儿发育影响的潜在机制尚不明确，无法确定是宫内暴露扰乱了婴儿大脑发育的环境，还是出生后养育环境的改变影响了婴儿发育。因此，该研究旨在：①探索暴露于孕期新冠病毒感染与婴儿6月龄神经发育之间的关联；②探索出生于新型冠状病毒疫情（简称"新冠疫情"）期间与婴儿6月龄神经发育的关联。

该研究共纳入两个时期的婴儿：①255 名新冠疫情下出生的婴儿，其中包括 114 名暴露于孕期新冠病毒的婴儿与 141 名健康婴儿；②由 62 名新冠疫情前在同一家医院出生的健康婴儿组成的历史队列。在婴儿6月龄时采用《年龄及发育进程问卷（第3版）》（"the Ages & Stages Questionnaire, 3rd Edition", ASQ-3）评估其神经发育状态，包括沟通、精细运动、粗大运动、解决问题和个人社交五大能区。能区得分越低，表明发育迟缓可能性越大。各能区发育迟缓的截止值分别为：沟通能区 29.65 分，粗大运动能区 22.25 分，精细运动能区 25.14 分，解决问题能区 27.72 分，个人社交能区 25.34 分。

该研究结果显示：

（1）与未暴露的婴儿相比，暴露于孕期新冠病毒感染婴儿

---

① 2020 年 2 月 7 日，国家卫生健康委员会将"新型冠状病毒感染的肺炎"暂命名为"新型冠状病毒肺炎"，简称"新冠肺炎"。2022 年 12 月 26 日，国家卫生健康委员会将"新型冠状病毒肺炎"更名为"新型冠状病毒感染"。

ASQ-3的五个能区得分差异均无统计学意义（如图1-1A所示）。

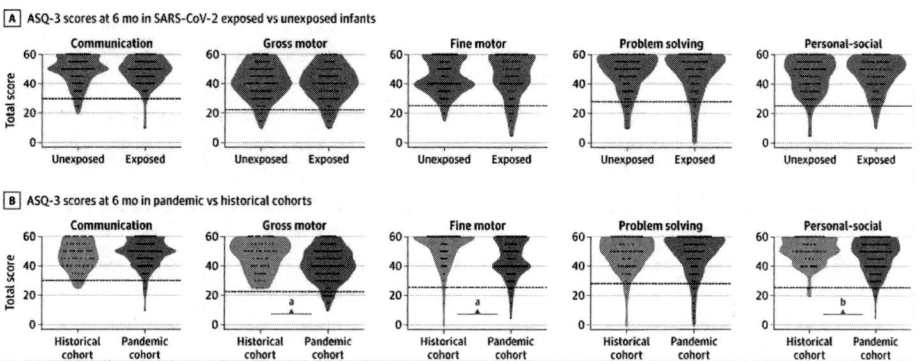

图1-1 研究对象6月龄ASQ-3各能区得分

注：A. 新冠疫情下暴露于孕期新冠病毒感染与未暴露者的ASQ-3得分比较图。B. 新冠疫情期间出生的婴儿与新冠疫情前在同一家医院出生的历史队列ASQ-3得分比较图。

* 虚线水平线表示每个能区发育迟缓的截止值（沟通能区29.65分；粗大运动能区22.25分；精细运动能区25.14分；解决问题能区27.72分；个人社交能区25.34分）。a: $P<0.01$，b: $P<0.1$。

［资料来源：Shuffrey L C, Firestein M R, Kyle M H, et al. "Association of Birth during the COVID-19 Pandemic with Neurodevelopmental Status at 6 months in Infants with and without in Utero Exposure to Maternal SARS-CoV-2 Infection," *JAMA Pediatrics*, 2022, 176（6）, pp. e215563］

（2）与历史队列中的婴儿相比，新冠疫情队列中的婴儿三个能区得分下降，包括粗大运动能区（平均差异：-5.63；95%置信区间：-8.75～-2.51）、精细运动能区（平均差异：-6.61；95%置信区间：-10.00～-3.22）、个人社交能区（平均差异：-3.71；95%置信区间：-6.61～-0.82）（如图1-1B及表1-1所示）。

表1-1 新冠疫情队列与历史队列婴儿的 ASQ-3 得分比较

ASQ-3 subdomain	Pandemic cohort and historical cohort[a]	Cohort		Minimally adjusted[b]		Fully adjusted[c]		Fisher exact test P value[d]
		Historical	Pandemic[a]	Mean difference (95% CI)	P value	Mean difference (95% CI)	P value	
No.	289	62	227					
Score, mean (SD)[e]								
Communication	47.9 (9.49)	46.8 (9.54)	48.2 (9.48)	1.42 (-1.26 to 4.09)	.30	1.42 (-1.23 to 4.07)	.29	NA
Gross motor	42.4 (11.5)	46.8 (10.8)	41.1 (11.5)	-5.63 (-8.74 to -2.52)	<.001	-5.63 (-8.75 to -2.51)	<.001	NA
Fine motor	46.7 (12.6)	51.9 (12.1)	45.2 (12.4)	-6.61 (-10.04 to -3.18)	<.001	-6.61 (-10.00 to -3.22)	<.001	NA
Problem solving	48.0 (13.0)	48.6 (11.6)	47.8 (13.4)	-0.79 (-4.37 to 2.80)	.67	-0.79 (-4.40 to 2.83)	.67	NA
Personal-social	47.6 (10.7)	50.6 (8.78)	46.9 (11.0)	-3.71 (-6.61 to -0.82)	.01	-3.71 (-6.61 to -0.82)	.01	NA
Below cutoff, No. (%)								
Communication	9 (3.1)	1 (1.6)	8 (3.5)	NA	NA	NA	NA	.39
Gross motor	17 (5.9)	0 (0)	17 (7.5)	NA	NA	NA	NA	.01
Fine motor	20 (6.9)	3 (4.8)	17 (7.5)	NA	NA	NA	NA	.34
Problem solving	22 (7.6)	3 (4.8)	19 (8.4)	NA	NA	NA	NA	.26
Personal-social	12 (4.2)	2 (3.2)	10 (4.4)	NA	NA	NA	NA	.51
Any domain	47 (16.3)	7 (11.3)	40 (17.6)	NA	NA	NA	NA	.16

Abbreviations: ASQ-3, Ages & Stages Questionnaire, 3rd Edition; NA, not applicable.

[a] Subset excludes preterm infants (7 exposed, 10 unexposed) and full-term infants admitted to the neonatal intensive care unit (6 exposed, 5 unexposed).
[b] Minimally adjusted models include gestational age at birth, infant sex, and infant age at assessment.
[c] Fully adjusted models include gestational age at birth, infant sex, infant age at assessment, maternal race, maternal ethnicity, maternal age at delivery, maternal educational attainment, parity, and mode of delivery.
[d] Fisher exact tests were 1-sided to test whether a greater proportion of infants in the pandemic cohort met the ASQ-3 cutoffs compared with infants in the historical cohort.
[e] ASQ-3 scores in each subdomain can range from 0 to 60, with lower scores indicating greater delay and higher scores indicating greater competence.

注：Minimally adjusted：模型1校正了胎龄、性别、ASQ-3 评估时月龄；Fully adjusted：模型2校正了胎龄、性别、ASQ-3 评估时月龄、母亲种族、民族、年龄、教育水平、产次、分娩模式。

[资料来源：Shuffrey L C, Firestein M R, Kyle M H, et al. "Association of Birth during the COVID-19 Pandemic with Neurodevelopmental Status at 6 months in Infants with and without in Utero Exposure to Maternal SARS-CoV-2 Infection," *JAMA Pediatrics*, 2022, 176 (6), pp. e215563]

该研究表明，婴儿在新冠疫情流行期间出生而非在子宫内暴露于母体新冠病毒感染，与婴儿6月龄时神经发育差异相关。

（二）案例分析

以《新型冠状病毒肺炎流行期间出生的婴儿与6月龄神经发育的关联性研究》为案例，围绕"儿童少年生长发育的程序性和时间性的协调"设置讨论题目。通过讨论，让学生掌握生长发育程序性和时间性的概念，了解社会环境对儿童少年生长发育的影响。同时，通过案例延伸讨论，培养学生的科研思维和创新意识。

（1）阐述儿童少年生长发育的程序性与时间性。

婴幼儿时期，动作的发展按照由粗到细、头尾发展律、近侧发展律的程序进行。案例中，新冠疫情队列中的婴儿6月龄时检测发现，其粗大动作发育迟缓，而精细动作发育尚无差异。这可能与粗大运动先发育，精细运动后发育有关。在6月龄时，可能由于婴儿的精细运动尚未开始发育，组间比较难以发现差异，因此需随访更长的时间以进一步探讨新冠疫情是否影响婴儿的精细运动发育。

（2）结合案例分析，为什么新冠疫情下的婴幼儿更容易出现神经发育迟缓？

社会生态学理论认为，儿童的发展受到时间和环境的影响，同时婴幼儿发育存在关键期，当受到外部消极环境影响时，可导致婴幼儿发育迟缓。第一种可能原因为：新冠疫情引起的社会环境压力，包括失业、粮食不安全、失去住房等，应被视为对婴幼儿发育的潜在影响。同时，需考虑新冠疫情导致的养育者焦虑与抑郁等心理情绪问题对孩子的可能影响。第二种可能原因为：新冠疫情带来的隔离状态，使婴幼儿的户外运动与社交行为受限，从而缺乏相应刺激并导致婴幼儿的神经发育迟缓。

（3）围绕儿童生长发育，试提出一个科学健康促进计划。

家庭环境：儿童与成人之间的关系，具有双向性。良好的成人行为，能给儿童行为带来积极影响。与此同时，儿童的行为也影响着成人的行为。只有双方积极互动，才能营造良好的家庭环境，促进儿童健康成长。

社会相关机构：健全基层卫生保健组织机构，明确基层卫生人员的工作职责。完善健康教育工作网络，围绕生长发育监测、儿童常见病防治等主题，充分利用线上线下相结合的方式，开展多样化的健康咨询和宣教活动，如建立线上问诊平台、举办健康讲座、设立健康宣传栏等。根据不同时期儿童生长发育的特点，落实儿童健康筛查、生长发育和心理行为发育评估、预防接种、喂养和防病指导等基本公共卫生服务项目。

国家层面：响应《"健康中国2030"规划纲要》号召，出台相关政策，加大儿童卫生保健机构建设、基层设备购置、人才培养、学科建设等方面的资金投入力度，建立和完善儿童健康促进行动工作的领导、协调、跟踪、督导机制，切实保障儿童健康权益，减轻人民的经济负担、精神压力，创造适宜儿童生长发育的社会环境。

二、《1982—2012年中国7～17岁儿童体格发育变化趋势分析》

（一）案例内容

2020年，由中国疾病预防控制中心营养与健康所发布的《1982—2012年中国7～17岁儿童体格发育变化趋势分析》报告提出，我国7～17岁儿童的身高和体重正在快速增长，与许多发达国家、发展中国家的变化趋势基本一致。

报告资料来源于1982、1992、2002和2012年我国开展的四次全国居民营养与健康状况监测7～17岁儿童调查资料。四次调查均采用多阶段分层整群随机抽样的方式，具有较好的代表性。

对四次调查资料进行分析，结果显示：

（1）同性别、同年龄组城市儿童的身高和体重均高于农村儿童。除10～13岁年龄组之外，其余年龄组男生的身高高于女生；除12～14岁年龄组之外，其余年龄组男生的体重高于女生。

（2）从表1-2至表1-5可见，1982—1992年，城市男生、城市女生、农村男生、农村女生的身高和体重的平均增幅分别为：3.2 cm和4.0 kg、1.4 cm和2.5 kg、5.5 cm和3.7 kg、4.2

cm 和 3.0 kg。1992—2002 年，城市男生、城市女生、农村男生、农村女生的身高和体重的平均增幅分别为：3.1 cm 和 1.8 kg、2.8 cm 和 1.4 kg、3.5 cm 和 1.4 kg、3.3 cm 和 1.2 kg。2002—2012 年，城市男生、城市女生、农村男生、农村女生的身高和体重的平均增幅分别为：2.5 cm 和 4.0 kg、1.9 cm 和 2.3 kg、4.0 cm 和 4.7 kg、3.3 cm 和 3.4 kg。

（3）与 1982 年相比，2012 年的调查结果显示：城市男生、城市女生、农村男生、农村女生的身高平均增幅分别为 8.8 cm、6.2 cm、12.9 cm、10.8 cm，体重平均增幅分别为 9.9 kg、6.2 kg、9.8 kg、7.6 kg。

表1-2 1982—2012年中国居民营养与健康状况调查7～17岁城市儿童的身高（Mean±SD）

单位：cm

年龄/岁	城市男生				城市女生			
	1982年	1992年	2002年	2012年	1982年	1992年	2002年	2012年
7	118.8±6.0	120.8±7.7	124.0±6.3	126.1±6.3	117.8±4.6	118.7±8.7	122.6±6.5	124.6±6.4
8	124.5±7.7	125.7±8.4	129.0±6.1	131.6±6.6	122.9±6.3	124.9±8.3	128.3±6.2	130.6±6.6
9	128.3±5.8	130.7±9.7	134.4±6.4	136.5±7.5	128.6±6.9	130.7±9.0	133.5±6.8	136.5±7.8
10	132.3±6.7	136.5±9.1	139.6±6.6	141.8±7.8	131.6±8.7	135.7±9.5	139.9±7.5	141.4±7.9
11	137.5±6.2	141.3±8.6	144.9±7.8	147.5±8.7	140.5±8.4	141.9±8.8	145.8±7.6	148.5±7.9
12	141.2±8.4	146.1±9.9	149.5±8.6	153.8±9.5	145.8±7.7	147.9±10.2	150.5±7.5	153.2±7.4
13	149.5±10.0	154.3±10.4	156.6±9.8	160.3±9.3	152.2±7.0	152.0±7.6	154.5±7.3	156.7±6.8
14	155.4±8.6	158.7±9.0	162.0±9.6	166.1±8.0	154.1±5.8	154.9±7.0	157.2±6.7	158.8±6.1
15	159.9±8.8	164.1±8.8	167.6±7.3	168.5±7.5	154.7±6.5	156.5±6.3	158.3±5.7	159.3±6.3
16	164.1±6.1	166.6±7.5	168.4±7.8	170.5±7.0	156.5±5.3	156.7±5.9	158.8±6.3	159.9±5.9
17	166.0±6.4	167.6±6.6	170.2±6.5	171.1±7.1	156.9±5.1	157.2±5.8	158.6±6.9	159.8±5.8

资料来源：王璐璐、曹薇、潘慧等《1982—2012年中国7～17岁儿童体格发育变化趋势分析》，载《中华预防医学杂志》2020年第5期，第572-573页。

表1-3 1982—2012年中国居民营养与健康状况调查7～17岁农村儿童的身高（Mean±SD）

单位：cm

年龄/岁	农村男生				农村女生			
	1982年	1992年	2002年	2012年	1982年	1992年	2002年	2012年
7	113.3±7.0	116.1±7.0	119.6±6.3	123.8±7.2	111.7±7.2	114.7±7.1	118.2±6.6	122.5±7.2
8	116.2±6.1	121.3±8.4	124.6±6.6	128.7±6.9	115.7±6.7	120.1±7.6	123.8±6.6	127.9±7.8
9	121.1±7.7	126.0±7.7	129.1±6.6	133.8±8.9	121.0±7.1	125.5±8.6	128.8±6.9	133.2±7.6
10	126.2±8.0	130.9±8.4	134.2±6.9	138.3±7.8	125.4±7.7	130.3±8.7	134.3±7.6	139.1±8.3
11	131.0±8.6	135.1±8.3	139.2±8.0	143.9±8.7	130.4±8.3	135.5±9.1	140.0±8.3	144.5±8.2
12	134.7±8.0	140.4±9.4	144.5±9.0	149.7±9.4	136.0±8.6	141.3±9.0	145.4±8.3	149.5±8.3
13	140.3±8.3	147.6±9.8	149.9±9.5	155.7±9.8	141.7±8.8	146.7±8.9	150.1±7.6	153.3±7.3
14	145.0±9.8	152.9±9.9	157.2±9.5	161.2±9.1	145.6±8.3	150.6±7.8	153.2±6.8	155.9±6.3
15	150.0±9.6	158.1±9.7	161.4±8.4	165.0±8.7	149.0±7.7	151.9±7.0	154.8±6.3	156.7±6.0
16	155.5±9.5	161.4±8.0	165.2±7.7	166.7±8.4	151.6±7.2	154.4±6.0	156.0±6.1	157.6±6.3
17	159.8±8.6	163.4±7.3	166.3±7.2	168.2±7.7	151.7±6.3	154.5±6.2	157.0±6.0	158.1±6.0

资料来源：王璐璐、曹薇、潘慧等《1982—2012年中国7～17岁儿童体格发育变化趋势分析》，载《中华预防医学杂志》2020年第5期，第572-573页。

表1-4 1982—2012年中国居民营养与健康状况调查7～17岁城市儿童的体重（Mean±SD）

单位：kg

年龄/岁	城市男生				城市女生			
	1982年	1992年	2002年	2012年	1982年	1992年	2002年	2012年
7	21.3±3.2	23.1±4.6	24.8±4.4	26.4±5.6	20.2±2.6	22.0±4.6	23.2±4.2	24.9±4.7
8	24.2±4.0	26.0±5.4	27.2±5.0	30.1±6.6	22.6±3.1	24.9±5.1	26.0±4.9	28.1±5.8
9	25.3±3.0	29.3±6.2	30.4±5.7	33.4±7.8	25.4±3.6	28.3±6.6	28.6±5.6	31.8±7.0
10	28.2±4.5	31.5±6.5	33.8±7.0	37.7±9.8	26.9±4.1	31.0±7.1	32.8±6.8	34.8±8.0
11	29.9±4.6	34.8±7.8	37.4±8.5	42.2±10.8	30.8±5.8	34.2±7.7	36.7±8.1	40.4±9.1
12	32.9±5.0	38.0±9.1	40.5±9.4	45.8±11.9	35.1±5.2	40.5±9.5	40.5±8.5	44.4±9.0
13	37.9±6.8	44.1±11.3	44.9±10.1	51.2±12.6	40.9±5.8	43.2±7.8	44.5±8.4	47.8±8.9
14	42.5±6.7	49.3±10.3	49.4±19.8	56.3±12.6	43.7±5.5	46.4±18.0	47.2±7.9	50.3±8.8
15	46.9±6.7	52.8±10.2	55.2±9.3	58.8±11.6	46.4±6.4	48.3±7.6	50.8±8.5	51.5±8.3
16	51.8±5.7	54.8±9.0	57.2±9.4	60.6±11.3	49.0±5.5	49.8±7.0	52.2±8.3	53.0±8.3
17	54.4±6.1	56.1±9.4	58.7±9.1	61.4±10.5	50.5±5.7	50.1±6.5	51.9±7.9	53.1±8.0

资料来源：王璐璐、曹薇、潘慧等《1982—2012年中国7～17岁儿童体格发育变化趋势分析》，载《中华预防医学杂志》2020年第5期，第572-573页。

表1-5 1982—2012年中国居民营养与健康状况调查7～17岁农村儿童的体重（Mean±SD）

单位：kg

年龄/岁	农村男生				农村女生			
	1982年	1992年	2002年	2012年	1982年	1992年	2002年	2012年
7	19.4±2.5	21.1±3.7	21.7±3.5	24.7±5.3	19.0±2.7	20.2±3.7	20.6±3.3	23.7±4.8
8	21.0±2.6	23.1±4.0	23.9±3.9	27.4±6.2	20.4±2.8	22.3±3.6	22.9±3.8	26.6±6.5
9	23.2±3.6	25.3±4.9	26.1±4.5	30.9±8.4	22.8±3.2	24.6±4.7	25.4±4.4	29.1±5.9
10	25.2±3.7	27.6±5.3	28.6±5.0	33.9±8.5	24.6±3.4	27.1±5.5	28.2±5.5	33.1±7.9
11	27.7±3.8	30.1±5.7	31.9±6.6	37.6±9.8	27.2±4.6	30.0±6.6	31.8±6.3	36.5±8.5
12	30.1±4.5	33.2±7.0	35.4±7.6	41.7±10.3	30.2±5.0	34.1±7.6	35.8±7.5	40.9±8.6
13	33.3±5.7	38.7±8.8	39.3±8.1	46.1±11.3	34.8±6.4	39.1±8.4	40.5±7.5	44.7±8.9
14	36.8±7.2	42.4±8.9	45.1±9.0	50.3±10.7	38.3±6.6	43.2±7.7	44.1±7.4	47.6±7.8
15	40.5±7.4	47.5±9.4	48.6±8.3	53.1±10.3	41.8±6.4	45.2±7.1	46.7±7.0	49.6±7.5
16	45.5±7.9	51.3±8.6	53.0±8.3	56.1±10.4	44.6±6.7	48.6±7.3	49.2±6.6	50.7±7.5
17	49.6±7.7	52.9±8.3	54.9±8.4	57.9±9.6	46.7±6.4	49.3±6.6	51.2±7.2	51.5±7.4

资料来源：王璐璐、曹薇、潘慧等《1982—2012年中国7～17岁儿童体格发育变化趋势分析》，载《中华预防医学杂志》2020年第5期，第572-573页。

综上，1982—2012年，我国儿童的体格发育水平明显提高，城乡差距缩小，性别差异扩大，身高增长放缓，但体重仍持续高速增长。

（二）案例分析

以《1982—2012年中国7～17岁儿童体格发育变化趋势分析》为案例，围绕"儿童少年生长发育多样性与追赶性生长"设置讨论题目。通过讨论，让学生掌握儿童少年生长发育多样性与追赶性生长的概念，了解社会环境对儿童少年生长发育的影响。同时，通过案例延伸讨论，培养学生的科研思维和创新意识。

（1）阐述儿童少年生长发育多样性。

生长发育受生物遗传、环境污染、气候变化、心理反应、社会背景等多种因素的共同影响，并且在不同年龄段都有其消长规律。生长发育的多样性，可表现为体格、体能、认知发育的个体发育差异。不同的个体在遗传和环境的作用下可表现出不同的身高。男性与女性之间的生长发育差异也体现了生长发育的多样性。再者，生长发育的多样性有三个推动力：年龄阶段、历史时期和非常规因素。此案例体现了历史时期对生长发育的重大影响，不同历史时期造就的环境不同，儿童生长发育情况也不同。

（2）结合案例分析，为什么自1982年以来儿童生长发育水平明显提高？

改革开放初期，儿童膳食营养状况改善明显，儿童生长发育克服前期不良因素造成的生长发育迟滞，身高优先出现加速回归的现象。进入21世纪后，儿童膳食结构发生变化，动物性食物摄入增多，同时体力活动减少。这造成了儿童体重的高速增长，加剧了超重和肥胖的发生。

（3）阐述儿童少年生长发育的追赶性生长。

当处在生长发育过程中的个体受到疾病、营养、心理应激等因素的影响时，会出现生长发育连续性被暂时打破的现象，如生长迟缓。一旦这些影响因素被解除，机体便表现为向原有正常轨迹靠近并具有生长发育的强烈倾向，年龄越小越明显，生长的加速幅度越大。

此案例表明，在一个群体当中，当经济持续发展、群体营养水平与保健水平不断增强时，群体的遗传潜力能得到充分发挥，可不断向原有生长轨迹靠拢。因此，发展要坚持以人民为中心，坚持正确的卫生与健康工作方针，坚持健康优先、改革创新、科学发展、公平公正的原则。发展要以提高人民健康水平为核心，以体制、机制改革创新为动力，以普及健康生活、优化健康服务、完善健康保障、建设健康环境、发展健康产业为重点，从广泛的健康影响因素入手，把健康融入所有政策，全方位、全周期保障人民健康，大幅提高健康水平，显著改善健康公平。

三、儿童少年生长发育中的矛盾

（一）案例内容

事物的矛盾法则，即对立统一的法则，是唯物辩证法的最根本法则。毛泽东的《矛盾论》分析了矛盾的普遍性与特殊性。但是，毛泽东并不是描述性地叙述矛盾的普遍性与特殊性，而是从认识论提出问题。他在《矛盾论》中写道："就人类认识运动的秩序说来，总是由认识个别的和特殊的事物，逐步地扩大到认识一般的事物。人们总是首先认识了许多不同事物的特殊的本质，然后才有可能更进一步地进行概括工作，认识诸种事物的共同的本质。"① 在儿童少年生长发育研究当中也是如此，只有先认识个别和特殊的生长发育规律，才能进一步认识生长发育的一般规律；只有清楚地认识儿童少年的生长发育并不是千篇一律的，才能有意识地去研究生长发育的普适性规律。

矛盾的普遍性和特殊性是辩证统一的关系。它们之间既互相区别又互相联系，并在一定条件下互相转化。矛盾的普遍性有两方面的意义：一方面，矛盾存在于一切事物的发展过程中；另一方面，每一事物的发展过程中存在着自始至终的矛盾运动。同时，矛盾的特殊性也有两个特点：其一，从空间上看，不同事物有不同的矛盾，同一物质运动形式也各有不同性质的矛盾；其二，从时间上看，同一事物在其发展的不同阶段有不同性质的矛盾。

在儿童少年的生长发育过程中，处处体现着矛盾的普遍性与特殊性。在群体层面上，生长发育受先天遗传因素影响存在种族差异，再加上后天环境如膳食、经济、环境等因素影响存在地域差异。在个体层面上，每个儿童少年生长发育的轨迹、速度均存在差异。个体内部，不同组织、器官、系统的生长发育是不平衡的，身体各部位按照一定的程序发展。这些都体现了矛盾普遍存在于儿童少年的生长发育过程中。同时，儿童少年的生长发育又充分体现着矛盾的特殊性。在群体层面上，不同的儿童少年群体面临不同的生长发育问题。我国地域辽阔，不同地区不仅存在社会经济发展不均衡现象，还存在自然环境、生活习惯、饮食行为均有较大差异的问题。在经济欠发达地区，儿童少年面临着营养不良及生长发育迟缓的风险。而在经济较发达地区，儿童少年则存在营养过剩的现象，导致超重、肥胖风险增加。在个体层面上，同一年龄段的儿童少年的生长发育也存在巨大的差异。比如

---

① 毛泽东：《矛盾论》，人民出版社 1975 年版，第 14 页。

青春期生长突增的时间存在男女差异，多数国家女童在 9～10 岁、男童在 11～12 岁进入青春期生长突增期。而青春期生长突增的速度也不一致，男童平均每年可增长 7～9 cm，最多达 10～12 cm，整个生长突增期平均长高 28 cm；女童平均每年增长 6～8 cm，最多可达 10 cm，整个生长突增期平均长高 25 cm。综上可见，儿童青少年的生长发育体现了矛盾的普遍性与特殊性。

《矛盾论》还说道："这是两个认识的过程：一个是由特殊到一般，一个是由一般到特殊。人类的认识总是这样循环往复地进行的，而每一次的循环（只要是严格地按照科学的方法）都可能使人类的认识提高一步，使人类的认识不断地深化。"[①] 这也说明了研究儿童少年卫生学及儿童少年生长发育规律的重要性。在新中国成立初期，我国儿童少年的生长发育水平远低于发达国家，世界卫生组织（World Health Organization，WHO）提出的儿童生长标准及美国国家卫生统计中心的建议参考值，难以运用于我国儿童少年生长发育评估。因此，1975 年，我国卫生部组织儿童生长发育抽样调查，以建立符合我国儿童少年生长发育情况的评估体系。随着我国经济的快速发展、人民生活水平的提高，儿童少年的生长发育水平也逐渐提高。为了让标准与时俱进，我国每隔十年进行一次九城市儿童生长发育状况抽样调查，为教育、体育、卫生工作提供客观依据，以合理有效地指导儿童少年生长发育评估工作。我们意识到矛盾存在于生长发育过程中后，只有在科学方法指导下反复探索，才能推动认知的提高，更好地将理论知识应用到实践当中，而不是纸上谈兵。

---

① 毛泽东：《矛盾论》，人民出版社 1975 年版，第 14 页。

(二) 案例分析

以《矛盾论》为案例，围绕"儿童少年生长发育一般规律"设置案例分析题目，通过案例分析让学生掌握儿童少年生长发育阶段性与连续性的统一、程序性和时间性的协调、不同步性与多样性的平衡的概念。同时，通过案例延伸讨论培养学生的思政意识。

（1）结合生长发育规律简单阐述矛盾的普遍性与特殊性。

矛盾普遍存在于世间万物，包括儿童少年的生长发育过程中。矛盾的特殊性体现在不同地区、不同性别、不同年龄的儿童少年的生长发育速度不一致，最终达到的生长发育目标也不一致。生长发育存在着较大的群体差异，同时群体生长发育又存在一定的发展规律。不仅群体内部存在着矛盾，个体内部也存在着矛盾，不同组织、器官、系统的生长发育是不平衡的，身体各部位按照一定的程序性发展，体现了矛盾的普遍性。

（2）结合生长发育规律简单阐述矛盾的统一性与斗争性。

儿童少年的生长发育是基于量变、非突然变化的连续过程，同时还是基于质变、有新的实质性改变的阶段性过程，阶段性与连续性的统一体现了生长发育的矛盾存在。生长发育分为四个阶段，每一阶段都有其生长发育目标及速度，前一阶段为后一阶段的发育提供基础。在这些阶段中，又包含着生长发育的连续性变化，两者相互对立却又统一，均保证儿童少年的生长过程按照遗传潜能所决定的方向、速度和目标发育。

参考文献

[1] 毛泽东. 矛盾论 [M]. 北京：人民出版社，1975.

[2] 孙正聿. 毛泽东的"实践智慧"的辩证法：重读《实践论》《矛盾论》[J]. 哲学研究，2015（3）：3-10，128.

［3］王璐璐，曹薇，潘慧，等. 1982—2012 年中国 7～17 岁儿童体格发育变化趋势分析［J］. 中华预防医学杂志，2020（5）：572-573.

［4］SHUFFREY L C, FIRESTEIN M R, KYLE M H, et al. Association of birth during the COVID-19 pandemic with neurodevelopmental status at 6 months in infants with and without in utero exposure to maternal SARS-CoV-2 infection［J］. JAMA Pediatrics, 2022, 176（6）：e215563.

（朱艳娜）

第二章 儿童少年身体发育

第一节 课程思政教学设计

一、案例教学适用范围

本案例适用于"儿童少年卫生学"本科生和研究生课程中儿童少年身体发育相关章节的教学。

二、课程教学目标

1. **知识目标**
（1）掌握儿童少年体格发育阶段性变化和儿童少年体格、体能发育的性别、年龄特征。
（2）了解体力活动对儿童少年健康的意义。
2. **能力目标**
（1）通过案例分析，让学生可以应用身体比例指标评价儿童少年的健康状况。
（2）通过案例分析，让学生理解体格、体能和体力活动对儿童少年健康的意义，培养学生的基本科研素养。

3. 价值目标

（1）通过小组案例分析的教学活动，增强学生的学习主动性、成就感和自信心，培养学生的团队协作能力。

（2）通过案例教学，让学生了解科研素养的重要性，鼓励学生坚定科研理想信念，激发学生的创新精神，培养学生的爱国情怀和社会责任感。

三、教学方法

本章课程适宜采用翻转课堂教学。学生提前自学慕课和讨论案例，线下理论课程授课可充分结合教师讲授、学生听课、小组案例分析等授课形式。教师提出讨论问题，将课程教学的知识目标、能力目标和价值目标融入案例分析。

第二节　课程思政案例及分析

一、唐锡麟——儿童少年生长发育著名专家

（一）案例内容

儿童期是人体生长发育最迅速的时期之一，正常的生长发育不仅对于儿童健康、学习、心理发展等方面都有着至关重要的影响，而且是人一生健康和发展的重要基石。

唐锡麟教授是中华人民共和国成立后成长起来的儿童少年卫生学专家。1925年，唐锡麟出生于辽宁省沈阳市。1944年，他以优异的成绩考入盛京医科大学（中国医科大学前身的一部

分）。1949年，他从中国医科大学毕业，并留校任教。在近半个世纪的不懈奋斗和执着追求中，唐锡麟与老一代儿童少年卫生学专家一起为创建和发展我国的儿童少年卫生学学科做出了重要贡献。

唐锡麟献身预防医学事业领域，始终坚持理论联系实际，尤其在儿童生长发育这一实践性和应用性较强的领域。早在1951—1952年儿童少年卫生学学科创建初期，他就主动投身实践，深入沈阳市南昌街小学从事校医工作1年。唐锡麟认为，要使本学科教师能够很好地胜任工作，就必须经常深入实际，同儿童少年机构保持密切联系，在实践中丰富知识，锻炼分析问题和解决问题的能力。

唐锡麟通过多次深入农村和基层，进行了大量的教学改革探索，为不断提高儿童少年卫生学教学质量、克服理论脱离实际的倾向开辟新径。在他的带动下，儿童少年卫生学教研室每个教师都重点联系1～2所小学学校或幼儿园，帮助校医和保健教师开展学生健康检查、预防接种、身体缺陷和常见病的治疗等工作，收到明显的效果。一些老校医至今还对唐锡麟当年指导他们开展工作的情景记忆犹新。1970—1978年，教研室尚未恢复工作，唐锡麟则充分利用这段时间，广泛深入城乡中小学校，开展儿童生长发育调查研究和学龄儿童常见病的防治工作，培训基层学校卫生人员。他在保护学生视力、预防近视眼，创造适宜的学习环境，加强体育锻炼、预防脊柱弯曲异常，实施健康教育、提高广大儿童少年自我保健能力等方面进行了卓有成效的工作。他常对中青年教师说："从事预防医学教育没有实践经验不行，书本上的知识是引路的，要解决中国儿童少年卫生和学校卫生方面的实际问题，必须从国情出发，把着眼点落在近两亿中小学生的现实卫生保健需要上。不了解城乡学校现状，怎么能教好书呢？若长期脱离实际，科研选题也会成无源之水、无本之木。"

唐锡麟在科研方面具有稳定的研究方向和坚韧不拔的毅力，几十年来，他指导的青年教师和研究生的课题也多为儿童生长发育方面的研究。中华人民共和国成立初期，他在沈阳市组织了大样本的儿童少年身体发育调查，对全国儿童少年卫生科研产生了重要影响。1964年，他发表的《生长发育指标的稳定性和可变性》一文，阐明了生长发育指标具有可反映外界生活条件的卫生学功能，引起本专业人员的普遍重视，并于1981年被收录于《儿童少年卫生学进展》（第一卷）。1994年，他在《人类学学报》发表的《中国汉族青年身高水平的地域分布》也是一篇关于人类生长发育流行病学的代表作。1991年，唐锡麟主编的《儿童少年生长发育》专论性参考书由人民卫生出版社出版，该书集其长期教学、科研实践经验和国内外最新人类生长发育研究成果于一体，学术观点明确，内容丰富，既涉足许多国内外人类生长发育研究的前沿领域，又密切结合我国儿童青少年生长发育的实际。我国著名儿童少年卫生学专家叶恭绍教授和徐苏恩教授都曾对该书给予高度评价，诸多医学院校将其作为儿童少年卫生专业研究生的重要参考书。

此外，唐锡麟还是学校卫生标准建设的领军人。他对课桌椅标准的研究一直处于国内领先地位。他先后为国家制定了5项相关桌椅标准，包括从学前班到大学的课桌椅，并建立了读写姿势的数学模型。他研制课桌椅标准既考虑本民族的体型、体质特点，以及我国现实的经济水平，又尽量考虑向有关国际卫生标准靠拢，因而使标准的规范具有较长时期效应。他还先后为卫生部研制了人群脊柱弯曲异常的筛检标准和学校卫生标准体系表等。

1984年，唐锡麟光荣地加入了中国共产党。作为一名共产党员，他胸怀坦荡、顾全大局、平易近人，是广大中青年知识分子的良师益友。1987年，他荣获黑龙江省政府授予的儿童少年先进工作者称号。唐锡麟认为，献身于高等医学教育，能够为保护儿童少年的生长发育、促进儿童少年的健康和发展我国预防医学事业多付出些劳动，多做点事情，是他生平最大的快乐，这样的生活才有意义。

（二）案例分析

（1）对于儿童少年卫生学科的人才培养，从唐锡麟的案例中能得到什么启发？

"坚定理想信念，不忘科研初心"，是每位科学研究者应具备的内在素养。在讲解儿童生长发育时，可引入致力于中国儿童少年生长发育规律研究的儿童少年卫生学著名专家唐锡麟的案例，体现科研人坚定理想信念、不畏艰苦、不忘科研初心的优良素质，培养学生的基本科研素养，引导学生继承和发扬老一辈科学家胸怀祖国、服务人民的优秀品质。

科技强国，人才为先。广大人才只有坚定理想信念、不忘初心，才能把握大势、抢占先机，沿着正确道路为建设科技强国贡献智慧和力量。坚守在自己的研究领域，潜下心、扎深根，用真抓实干、扎实作风践行爱国之心，用新的技术、新的成果彰显爱国之情，在坚定的理想信念中爱国、报国。

（2）对于儿童少年卫生学科的学习研究，从唐锡麟的案例中能得到什么启发？

认真钻研学术。科技研究不是一蹴而就的，而是需要长期坚持的。科技人才必须保持"十年磨一剑"的定力和耐心，甘坐"冷板凳"、勇闯"无人区"，用心、用情、用力钻研学术，注重思考的深度与广度，主动想深一层、更进一步。钻研学术，不仅要在理论层面下功夫，更要注重科研与实践相结合，注重创新求实。只有这样，才能不断提升自身素质，当好新时代科技人才。

勇挑时代重任。科研成果、科技成就的取得，需要科技人才的主动担当、积极作为。身处新时代，广大科技人才必须主动肩负起时代赋予的重任，勇做新时代科技创新的排头兵。开展科研、坚持创新不能得过且过、敷衍了事，而要具有担当精神，紧跟时代发展步伐，聚焦重点任务、盯紧关键环节，迎难不畏难、克难勇担当。站在前人的肩膀上想事情、看问题，真正接好新时代的"接力棒"，在科研领域不断取得新突破、新进展。

坚韧不拔、持之以恒，是每位科研工作者都应该具备的品质。我们应脚踏实地，不断向先辈看齐，勇挑时代重任，为我国儿童少年健康事业的发展做出贡献。

二、2021年中国营养学会组织编写的《学龄儿童体重管理营养指导规范》

（一）案例内容

《学龄儿童体重管理营养指导规范》规定了对6～17岁中国学龄儿童体重管理的营养指导，包括体重状况评价、营养摄入推荐和不同场所体重管理的营养指导。表2-1所示的团体标准，以身体质量指数（body mass index，BMI）为指标，规范了学龄儿童健康体重标准。

表 2-1　学龄儿童体重状况（消瘦、正常、超重、肥胖）评定标准

单位：kg/m²

年龄/岁	男性					女性				
	中重度消瘦	轻度消瘦	正常	超重	肥胖	中重度消瘦	轻度消瘦	正常	超重	肥胖
6.0~	≤13.2	13.3~13.4	13.4~16.4	16.4	17.7	≤12.8	12.9~13.1	13.1~16.2	16.2	17.5
6.5~	≤13.4	13.5~13.8	13.8~16.7	16.7	18.1	≤12.9	13.0~13.3	13.3~16.5	16.5	18.0
7.0~	≤13.5	13.6~13.9	13.9~17.0	17.0	18.7	≤13.0	13.1~13.4	13.4~16.8	16.8	18.5
7.5~	≤13.5	13.6~13.9	13.9~17.4	17.4	19.2	≤13.0	13.1~13.5	13.5~17.2	17.2	19.0
8.0~	≤13.6	13.7~14.0	14.0~17.8	17.8	19.7	≤13.1	13.2~13.6	13.6~17.6	17.6	19.4
8.5~	≤13.6	13.7~14.0	14.0~18.1	18.1	20.3	≤13.1	13.2~13.7	13.7~18.1	18.1	19.9
9.0~	≤13.7	13.8~14.1	14.1~18.5	18.5	20.8	≤13.2	13.3~13.8	13.8~18.5	18.5	20.4
9.5~	≤13.8	13.9~14.2	14.2~18.9	18.9	21.4	≤13.2	13.3~13.9	13.9~19.0	19.0	21.0
10.0~	≤13.9	14.0~14.4	14.2~19.2	19.2	21.9	≤13.3	13.4~14.0	14.0~19.5	19.5	21.5
10.5~	≤14.0	14.1~14.6	14.6~19.6	19.6	22.5	≤13.4	13.5~14.1	14.1~20.0	20.0	22.1
11.0~	≤14.2	14.3~14.9	14.9~19.9	19.9	23.0	≤13.7	13.8~14.3	14.3~20.5	20.5	22.7
11.5~	≤14.3	14.4~15.1	15.1~20.3	20.3	23.6	≤13.9	14.0~14.5	14.5~21.1	21.1	23.3
12.0~	≤14.4	14.5~15.4	15.4~20.7	20.7	24.1	≤14.1	14.2~14.7	14.7~21.5	21.5	23.9

续表 2-1

年龄/岁	男性					女性				
	中重度消瘦	轻度消瘦	正常	超重	肥胖	中重度消瘦	轻度消瘦	正常	超重	肥胖
12.5~	≤14.5	14.6~15.6	15.6~21.0	21.0	24.7	≤14.3	14.4~14.9	14.9~21.9	21.9	24.5
13.0~	≤14.8	14.9~15.9	15.9~21.4	21.4	25.2	≤14.6	14.7~15.3	15.3~22.2	22.2	25.0
13.5~	≤15.0	15.1~16.1	16.1~21.9	21.9	25.7	≤14.9	15.0~15.6	15.6~22.6	22.6	25.6
14.0~	≤15.3	15.4~16.4	16.4~22.3	22.3	26.1	≤15.3	15.4~16.0	16.0~22.8	22.8	25.9
14.5~	≤15.5	15.6~16.7	16.7~22.6	22.6	26.4	≤15.7	15.8~16.3	16.3~23.0	23.0	26.3
15.0~	≤15.8	15.9~16.9	16.9~22.9	22.9	26.6	≤16.0	16.1~16.6	16.6~23.2	23.2	26.6
15.5~	≤16.0	16.1~17.0	17.0~23.1	23.1	26.9	≤16.2	16.3~16.8	16.8~23.4	23.4	26.9
16.0~	≤16.2	16.3~17.3	17.3~23.3	23.3	27.1	≤16.4	16.5~17.0	17.0~23.6	23.6	27.1
16.5~	≤16.4	16.5~17.5	17.5~23.5	23.5	27.4	≤16.5	16.6~17.1	17.1~23.7	23.7	27.4
17.0~	≤16.6	16.7~17.7	17.7~23.7	23.7	27.6	≤16.6	16.7~17.2	17.2~23.8	23.8	27.6
17.5~	≤16.8	16.9~17.9	17.9~23.8	23.8	27.8	≤16.7	16.8~17.3	17.3~23.9	23.9	27.8
18.0~				24.0	28.0				24.0	28.0

资料来源：中国营养学会《学龄儿童体重管理营养指导规范》，2021。

（二）案例分析

以《学龄儿童体重管理营养指导规范》学龄儿童体重状况标准为案例，围绕"身体比例变化"设置讨论题目。通过案例分析，让学生了解儿童体格发育应用的身体比例指标，掌握体格发育的阶段性变化和性别、年龄特征，体会身体比例指标在科学研究和儿童健康监测中的重要作用。

（1）BMI 是如何计算的？

身体质量指数（BMI）= 体重（kg）/ 身高的平方（m^2）

（2）《学龄儿童体重管理营养指导规范》学龄儿童体重状况标准体现了儿童体格发育的哪些阶段？

该标准体现了儿童体格发育的相对稳定期、第二生长突增期和生长停滞期。

（3）BMI 等身体比例指标对儿童少年健康的意义是什么？

BMI 广泛应用于国内外研究，通过体重和身高的比例变化反映身体胖瘦。BMI 是制定儿童超重和肥胖筛查标准的基础指标。BMI 的百分位数可灵敏反映体重除以身高的平方比例关系对儿童超重和肥胖、营养不良等的流行产生的影响，BMI 高百分位数变化的动态监测是国家制定肥胖防治策略、措施的重要依据。

三、《中国儿童和青少年的身体活动与健康：专家共识声明》

（一）案例内容

2020 年，由 20 余名国内外运动与健康领域专家完成的"Physical activity and health in Chinese children and adolescents: expert consensus statement（2020）"（《中国儿童和青少年的身体活

动与健康：专家共识声明》，简称《共识声明》），在 British Journal of Sports Medicine（《英国运动医学杂志》）上发表。全球第一个关于中国儿童青少年体育活动和健康问题的专家共识问世，为《"健康中国2030"规划纲要》目标的制定提供了依据。

数十年来，随着经济社会的发展、人口结构的变化和生活方式的快速转变，全球儿童青少年体力活动水平低的趋势，也发生在中国儿童青少年群体中。从公共卫生和疾病预防的角度来看，全国学龄儿童和青少年的体力活动与体质的总体水平远远不够，没有达到理想的水平。来自大规模横断面和回顾性人口研究的证据显示了三点结论：

第一，中国只有不到四分之一（22%）的在校学生每天会从事持续时间为60分钟或以上的体力活动。并且，这一数值存在普遍下降的趋势。

第二，85.8%的学生由于每天久坐的时间超过2小时，导致体质水平下降。每10个学生中，只有3个学生在国家体质健康标准中达到"优秀"或"良好"。

第三，只有15%～34%的学生达到体力活动指南建议的要求。

这份《共识声明》代表了专家小组就体力活动对儿童青少年的心血管健康、大脑健康、身心健康和学业成就等多种健康结果的影响和二者的关联达成的共识。同时，《共识声明》还对各种会阻碍儿童青少年体力活动水平或健康的因素（例如个人因素、社会经济状况、建筑环境和物理因素、干预策略以及参与体力活动的伤害风险等）达成十个方面的共识。

（1）总体健康水平：每天保持至少60分钟的中等强度体力活动，能够有效提高儿童青少年总体健康水平；长时间久坐或只参与低强度的体力活动，会导致不利于儿童青少年健康的疾病发生。儿童时期较高的体力活动水平和心肺功能水平，可能对成年后的健康水平起到重要作用。

（2）心肺功能和健康：经常参与中等强度或高强度体力活动的儿童青少年，拥有较高的心血管健康水平。高水平心肺功能有助于儿童青少年在未来生活中降低心血管疾病风险、BMI、腰围、体脂，以及预防代谢失调的慢性疾病。同时，采用中等强度的体力活动取代久坐和/或低强度的体力活动，有助于儿童青少年降低由心血管代谢性危险因素所引起的腰围增大以及血压、高密度脂蛋白胆固醇、低密度脂蛋白胆固醇、水、甘油三酯、胰岛素和葡萄糖水平增高的风险。超重和肥胖的儿童青少年通过运动干预，可以改善其心脏代谢和血管健康及心肺功能，发展运动技能。

（3）肌骨功能与健康：在儿童青少年时期，为达到骨量的峰值并保持健康的骨骼矿物质的沉积，有必要进行克服体重的体力活动练习（如跑步、跳跃等）。在儿童青少年时期，拥有更高水平的肌肉功能（例如通过涉及握力、站立、跳远和仰卧起坐等练习获得），有助于在以后的生活中获得更多有利于健康的结果，即较低的 BMI 和体脂含量、胰岛素抵抗的改善以及较低的心血管疾病风险因素。

（4）大脑、认知和学习成绩：在心肺功能水平高的儿童中，体力活跃度与身体健康状况、大脑结构和功能呈正相关。与心肺功能水平低的儿童相比，这些儿童不仅在涉及记忆和执行功能的区域表现出更大的脑容量，而且记忆任务完成更好。儿童青少年参与体力活动的水平（包括中等强度至高强度的体力活动和高强度的体力活动）与体质和学习成绩之间呈正相关。中等强度至高强度的体力活动干预措施，可以有效改善大脑结构和功能，提高认知和学习成绩。中国小学生在工作日和周末参与中等强度到高强度的体力活动，能够提高学习成绩。

（5）超重和肥胖：定期参加传统体力活动（主要是足球），

可能与基于体力活动的一般干预措施,在改善肥胖儿童的身体成分并减少代谢相关疾病的并发症方面一样有效。并且,作为一种预防性干预措施,定期参加传统体力活动可能适合于儿童肥胖症的治疗。

(6)生理和心理健康:体力活动与更好的心理健康有关,而久坐行为(如屏幕使用时间过长)则与儿童青少年的心理健康呈负相关。

(7)个人认知和他人影响:一系列认知心理因素影响着儿童青少年的体力活动行为。在诸多重要因素中,拥有高水平的感知能力、自我效能感和参与体力活动、运动、娱乐设施动机水平较高的儿童青少年,参与体力活动的可能性更大。同伴、朋友、父母的鼓励和示范是激励儿童青少年参加体力活动或达到建议的体力活动水平的影响因素之一。当父母减少自己的久坐行为时(包括屏幕使用时间过长),他们的孩子可能也会减少屏幕使用时间。

(8)社会经济地位、自然环境、建筑环境和政策影响:研究表明,影响体力活动水平的因素包括社会经济地位(收入、教育等)、物理环境(环境、空气、水等)和建筑环境(社区设计、公园和娱乐设施、绿地、安全性、体育活动设施的齐全与否以及街道连接等)。学校对体力活动的支持程度,对促进和推动儿童少年参与中等强度至高强度的体育活动至关重要。

(9)不同环境中促进体力活动水平的干预措施:家校一体的干预措施,有可能改善儿童的体重状况、体力活动水平和久坐行为。在中国学龄儿童中,以学校为基础的结合体力活动和健康教育的综合干预措施,可能比单纯的体力活动在预防肥胖方面更加有效。

(10)参与体力活动的受伤风险:儿童青少年在参加体力活动、各种运动项目,以及有组织和无组织的休闲体育活动中,可能会存在一些伤病或由于过度训练导致受伤的风险。在中国，相关数据表明，受伤风险与进行体力活动有关，并且男孩和初中生受伤发生率高于其他人群。此外，参加团队运动、安全意识较低、在湿滑条件下运动、过度延长运动时间、运动负荷过大和热身不充分的人群，受伤风险也较高。

（二）案例分析

以《中国儿童和青少年的身体活动与健康：专家共识声明》为案例，围绕"体力活动与儿童青少年生长发育"设置讨论主题。通过讨论，让学生掌握体力活动的概念，了解体格发育与儿童健康的关系。同时，通过案例延伸讨论，培养学生的科研思维和创新意识。

（1）总结体力活动对儿童青少年健康的意义。

围绕《共识声明》中的十个主题进行阐述。

（2）结合体格、体能和体力活动的关系，在体力活动方案设计中有哪些注意事项？

体力活动方案设计需注意体格、体能生长发育的年龄、性别特征；各种组织（学校、家庭、公共教育组织、私人组织、社区团体）共同促进儿童青少年体力活动的合作关系。

（3）围绕儿童青少年健康与体力活动，试提出一个科学研究主题。

横断面和纵向前瞻性队列研究，可用于研究影响儿童青少年的久坐行为和低水平体力活动的文化决定因素与健康风险因素。前瞻性队列研究，可用于了解儿童青少年的生活方式（体力活动、久坐行为和睡眠）与不同身体成分的改善、心肺和肌肉骨骼健康、心血管和代谢健康、学习成绩和认知水平，以及心理健康与生活质量之间的关联。

参考文献

[1] 刘宝林. 敬业、实践、勤奋、进取：记儿童少年卫生学专家唐锡麟教授［J］. 中华预防医学杂志，1997（1）：3-5.

[2] 刘燕珂. 做好新时代科技人才工作 增强伟大祖国创新动力：学习领会习近平总书记关于科技人才重要论述［J］. 创造，2022，30（9）：35-38.

[3] 陶芳标. 儿童少年卫生学［M］. 8版. 北京：人民卫生出版社，2017.

[4] 中国营养学会法规标准工作委员会. 中国营养学会关于发布《学龄儿童体重管理营养指导规范》等3项团体标准的公告［EB/OL］.（2021-06-07）［2023-09-20］. https://www.cnsoc.org/otherNotice/762100200.html.

[5] CHEN P, WANG D, SHEN H, et al. Physical activity and health in Chinese children and adolescents: expert consensus statement (2020)［J］. British Journal of Sports Medicine, 2020, 54 (22): 1321-1331.

（李秀红）

第三章 儿童少年心理行为发育

第一节 课程思政教学设计

一、案例教学适用范围

本案例适用于"儿童少年卫生学"本科生和研究生课程中儿童少年心理行为发育相关章节的教学。

二、课程教学目标

1. 知识目标

（1）掌握儿童心理行为发育的相关概念。

（2）熟悉儿童少年的认知能力、情绪情感、个性及社会化发育的理论与流派。

（3）了解各年龄段儿童少年的认知语言、情绪情感、个性及社会化发育的过程和特征。

2. 能力目标

（1）结合提前预习慕课，通过案例分析，让学生能构建儿童心理行为发育在认知、情绪及个性等方面的知识体系，能通过心理行为指标对不同发育阶段的儿童进行健康评估。

（2）通过案例分析，讨论不同发育阶段的心理行为发育特征对儿童教养的意义。

3. 价值目标

（1）提高学生对儿童心理行为发育的连续性、阶段性的理解，明确基因和环境对儿童早期心理行为发育的交互影响，初步学会将相关流派理论应用在儿童的心理行为发育过程中。

（2）通过案例教学及小组讨论，让学生体会建设健康心理的重要性，尤其是对于儿童青少年来说，心理行为的正常发育对其后期发展有着深远的影响。培养学生在关爱儿童少年方面的社会责任感和担当精神。

三、教学方法

本章课程教学采用理论知识结合案例分析授课的模式。学生提前预习课本知识和线上慕课；线下授课时，在理清课本思路、讲解完主要内容后，教师结合案例向学生提出问题，将课程教学的三个目标融入案例分析，并组织小组讨论，讨论后由小组推选组长对案例的细节进行分析和分享。讲解案例时，教师可结合中国儿童青少年的生长发育现状，通过视频教学，揭示存在的问题及政策相关的解决方案，理论联系实际，提高学生学习的兴趣及主动性。

第二节　课程思政案例及分析

一、青少年大脑认知发育研究：有助于揭示成年期的心理行为问题

（一）案例内容

让·皮亚杰（Jean Piaget，1896—1980）是著名的心理学家，他提出了被公认为 20 世纪心理学上最权威的认知发展理论。他认为，个体自出生后在适应环境的活动中，对世界、事物的认知、理解、思维方式随年龄增长而改变。他将孩子的发育分为四个阶段：①从出生到 18～24 个月的感知运动阶段；②2～7 岁的前运算阶段；③7～11 岁的具体运算阶段；④从 11 岁左右开始并持续到青春期的形式运算阶段。同期，研究儿童发展心理的心理学家维果茨基（Lev Vygotsky，1896—1934）更加着重讨论语言和思维在儿童发展中的重要性，强调人的心理机能和社会性不是从内部自发产生的，而是在外部活动中形成后转移内化成为内部的心理过程。让·皮亚杰及维果茨基提出的理论都强调儿童在生长发育过程中的心理行为发展，强调整个过程的顺利与否将对个体发展产生深远影响。

以上心理学理论，多来源于科学家们对个案的调查、分析与总结，并未使用实验的方法得到更具科学性的结论。同时，受限于当时的心理学研究技术水平，学者们难以通过心理学实验、神经科学实验的手段进行研究。在现代，除了心理学理论框架的模

型构建外，还可通过心理学实验和神经科学实验进行儿童心理行为发育方面的探索。

佛蒙特大学的科学家巴德·查托尼（Bader Chaarani）于 2016 年启动青少年大脑认知发育研究。这是一项在多个地方开展的、历时 10 年的纵向研究，也是迄今为止世界上最大规模的大脑认知发育研究，旨在描述儿童青少年发展的特征并评估可能影响和塑造发展轨迹的诸多因素。科学家在美国 21 个研究点招收了大约 12000 名 9~10 岁的儿童，利用功能磁共振成像技术，观察了受试者在执行三种不同任务时的大脑活动，并确定了不同个体在完成不同任务时大脑活动模式的差异。2021 年 6 月 7 日，巴德·查托尼研究团队在《自然·神经科学》（*Nature Neuroscience*）杂志上发表的论文《ABCD（青少年脑认知发展）研究中的青春期和人群的基线脑功能》（"Baseline Brain Function in the Preadolescents of the ABCD Study"）总结了该研究成果。文章分析了儿童大脑激活数据，揭示了与对心理行为发育至关重要的认知过程和大脑系统有关的重要新信息。这项研究有助于科学家们理解儿童青少年心理行为发育过程中的大脑功能变化，帮助厘清和疏解成年人面临的心理健康问题。研究最终得到的结果有希望将提供的大脑活跃图谱作为神经科学界的金标准，为相关研究提供参考。

巴德·查托尼的此项研究对 9~10 岁的儿童青少年的神经发育进行了探索。研究揭示：该年龄段的大脑发育特征与认知、情绪的成熟以及许多普遍的心理健康障碍的出现均存在关联。研究通过信号停止任务（stop signal task，SST）、EN-back 任务（emotinal N-back task，EN-back task）和金钱奖励延迟任务（monetary incentives delay task，MID），分别评估了儿童的认知控制、工作记忆和奖励反馈的功能，脑激活数据使用功能磁共振成像（functional magnetic resonance imaging，fMRI）进行测量并提供相应的指标内容。

以上研究结果发现：在信号停止任务（SST）中，大脑皮层的多个额顶叶、颞叶、岛叶和枕叶区域，对于正确的 Stop 与正确的 Go 以及不正确的 Stop 与正确的 Go 条件，都显示出稳健的激活。反应抑制电路的关键节点，例如额下回、背侧前扣带回、前辅助运动区以及皮层下的壳核和尾状核都被激活。在左侧中央后躯体感觉运动皮层和默认网络中心（包括楔前叶和右内侧前额叶皮质）中，则观察到失活。[①] 其中，前者的失活可能反映了存在于 Go 条件而非成功抑制（Stop）条件下的运动反应。结果如图 3-1 所示。

如图 3-2 所示，进行情绪性 EN-back 任务时，大脑双侧区域产生了广泛的强烈激活，包括额叶上、中、下回的部分，顶叶下小叶，背侧前扣带回/辅助运动区，以及中央前回和枕极。在大脑双侧区域也观察到大量失活，包括中央前回和中央后回、顶叶上叶、舌回、楔前叶/后扣带回皮质、喙侧前扣带回/腹内侧前额叶皮质和后岛叶。2-back 减去 0-back 的结果显示：额中回和上回、顶下回、楔前叶和背侧前扣带回的活动更加受限，腹内侧前额叶皮质/喙侧前扣带回、后扣带回皮质、中央前回和后岛叶发生局灶性失活。与中性面孔相比，消极、积极面孔导致的脑区的激活总体减少，最显著的影响是面对消极、积极面孔时杏仁核的激活，以及面对积极、中性面孔时双侧壳核的失活。

如图 3-3 所示，在金钱奖励延迟任务中，在潜在胜负的预期方面，在部分前扣带回、中央前回、顶下小叶、额叶和枕叶回以及双侧前岛叶和广泛的皮层下区域产生了广泛且相似的激活。反馈对比表明，负面结果（未能赢得奖励和未能避免损失）在

[①] 失活，此处指脑区受外界条件或因素的影响，导致其生理活动下降或受抑制的现象。

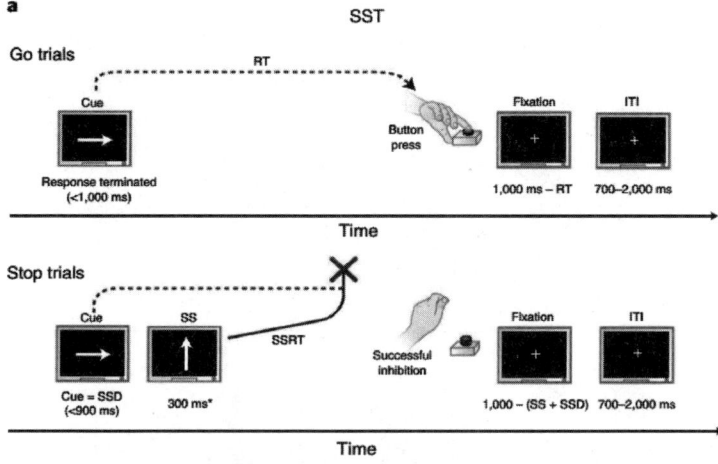

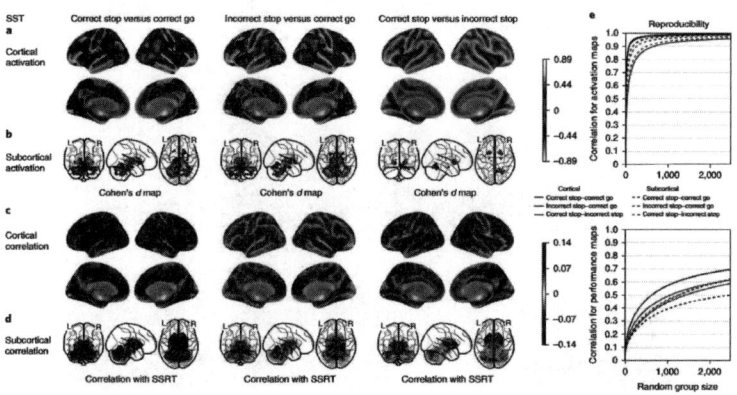

图 3-1 实验范式 1——信号停止任务及其 fMRI 结果

[资料来源：Chaarani B，Hahn S，Allgaier N，et al. "Baseline Brain Function in the Preadolescents of the ABCD Study," *Nature Neuroscience*，2021，24（8），pp. 1176-1186]

前岛叶以及颞叶和颞顶叶区域产生了强大的活动。事后分析的结果表明，在皮层下，对奖励的预期比对损失的预期产生更多的激活，包括强大的腹内侧纹状体活动，而壳核显示出相反的反馈模式，在避免损失时比在赢得奖励时产生更多激活。

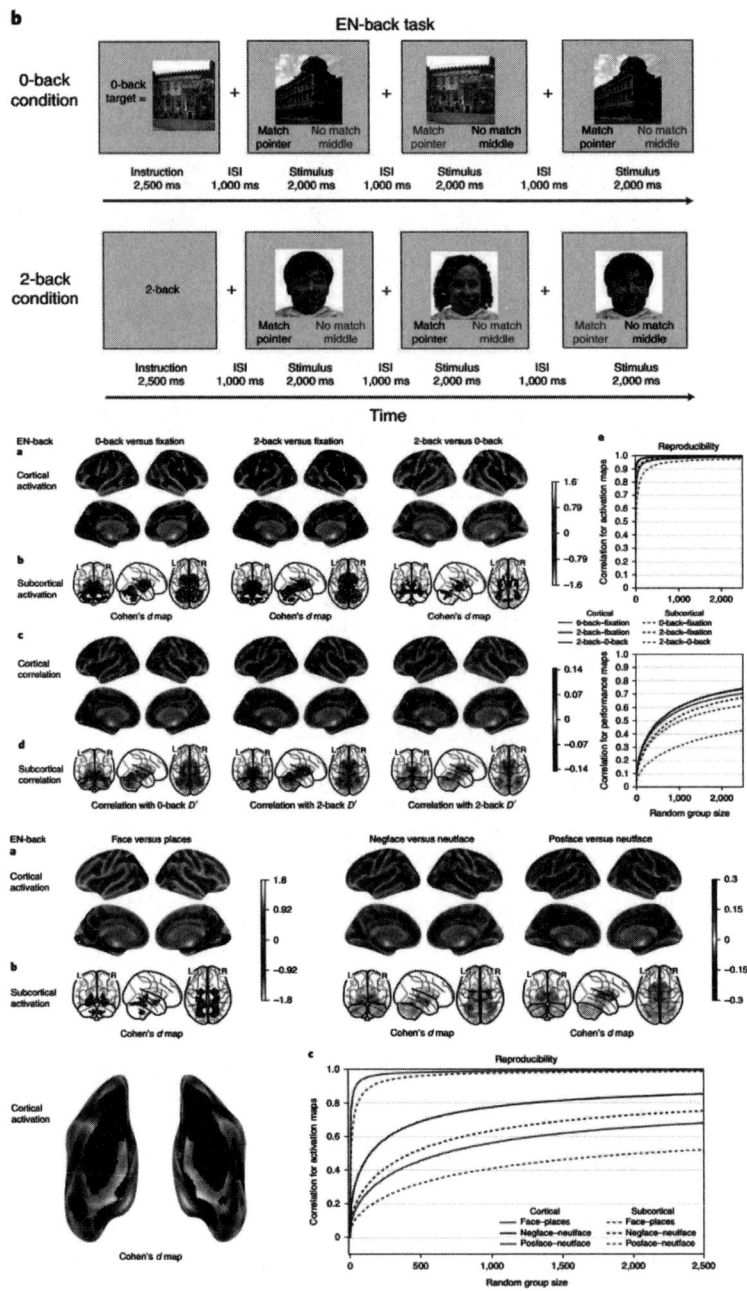

图3-2 实验范式2——EN-back任务

[资料来源：Chaarani B, Hahn S, Allgaier N, et al. "Baseline Brain Function in the Preadolescents of the ABCD Study," *Nature Neuroscience*, 2021, 24（8）, pp. 1176-1186]

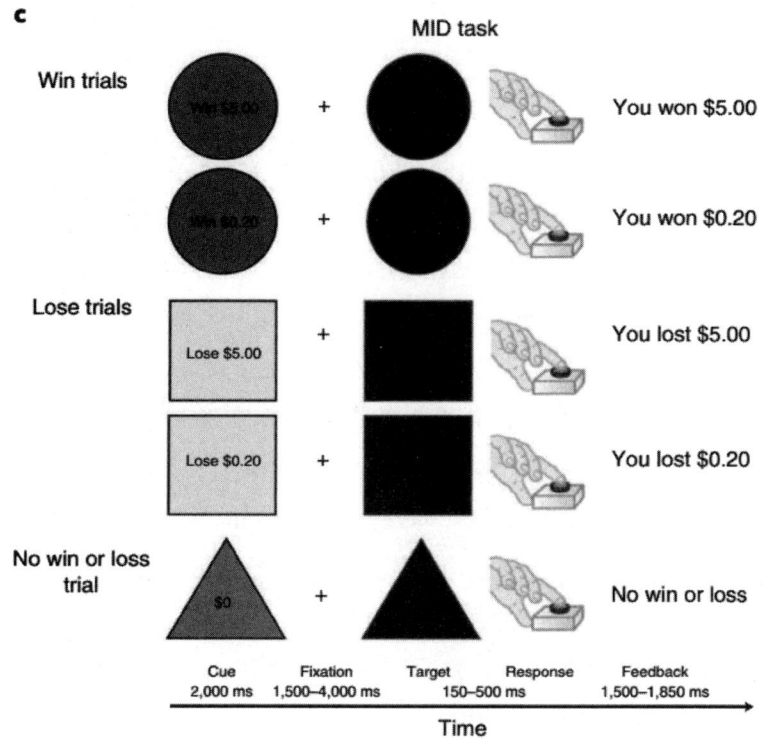

图3-3 实验范式3——金钱奖励延迟任务

[资料来源：Chaarani B, Hahn S, Allgaier N, et al. "Baseline Brain Function in the Preadolescents of the ABCD Study," *Nature Neuroscience*, 2021, 24 (8), pp. 1176-1186]

　　以上研究通过可重复性的研究结果，可能有助于告知神经科学界青少年大脑认知发展（adolescent brain cognitive development, ABCD）数据集中的哪些任务/对比为平均组统计提供了最一致的地图，证明了在涉及抑制控制、工作记忆和奖励反馈的任务中强大的fMRI激活模式。该研究建立了一个特征明确的基线，在ABCD研究中的儿童在整个青少年发育过程中，都可以从该基线跟踪。总体而言，该研究中观察到的任务激活模式与先前的研究一致，该研究及其方法跟踪青春期和成年早期大脑功能变化对脑发展轨迹探索具有一定价值。

(二) 案例分析

心理学的初期发展理论，都是基于框架和模型构建，通过观察总结得到。而在现代，心理学指标可以借助更加有证据力度的实验范式和科学技术进行更准确的测量。案例中儿童少年执行心理学任务时，通过fMRI测量大脑激活区域和程度来评价心理行为发育程度（认知抑制、工作记忆与奖励反馈），弥补了早期认知发展理论在发育个体化方面的不足，为准确测量不同发育阶段、不同类型儿童的心理行为发育水平提供了可具体参考的实验范式与庞大的脑活跃图谱。而这些脑区不同的激活图谱，或许又可以用于预测儿童少年进入成年期后的心理健康水平。

随着社会的发展，大众出现的心理问题越来越多。目前，中国有3亿多儿童少年，虽然我国在儿童少年心理发展的某些领域有一定的研究积累，但是缺少针对儿童少年心理发展的大规模、系统和长期的追踪。且一般研究使用标准化评估工具作为追踪工具，其存在种类繁多、缺乏常模、缺乏生物学证据等缺点，因此Chaarani B等人的研究，为未来的儿童少年心理行为发育评估提供了可参考的技术方法。

(1) 儿童少年的额叶的发育高峰位于哪个年龄段？其功能是什么？

发育高峰主要在学龄期晚期和青春期，其功能主要为执行功能、认知控制和注意力等。

(2) 讨论认知神经科学的主要实验工具有哪些？可以从哪些角度进行分类？

可以从影像学［功能性磁共振成像（functional magnetic resonance imaging，fMRI）、磁电图（magnetoencephalography，MEG）、神经信号［脑电图（electroencephalogram，EEG）、肌电

图（electromyogram，EMG）、经颅磁刺激（transcranial magnetic stimulation，TMS）]、神经化学（颅内神经递质、激素）、病理学（脑部解剖）、行为实验（眼动仪、多导生理记录仪）的角度进行分类。

二、中国上海流动儿童的文化适应性队列研究

（一）案例内容

根据2021年5月公布的第七次全国人口普查数据，我国流动人口约为3.76亿人。其中，0～14岁人口约为2.53亿人，占比约18%。相较而言，根据2010年第六次人口普查数据，0～14岁人口约为2.22亿人，占比约16.6%。在一些外来人口吸纳能力较强的城市，外来儿童少年已占常住儿童少年总量的相当大一部分。比如上海的外来儿童少年数量已达户籍儿童少年数量的66%，约相当于常住儿童少年总量的四成。

流动儿童跟随父母在城市生活，其在城市的生活状态、融入程度，直接影响着这些孩子未来的发展，但流动儿童往往会存在城市融入、文化适应困难的情况。这一现象的产生原因与平等受教育权的缺失、户籍壁垒和流动儿童教育投入不足等问题有关。因此，陈欣银等人在2020—2021年开展了为期一年的队列研究，考察了从中国农村到城市的流动儿童的文化适应和环境调整之间的关系。研究对象为上海公立学校的四年级到六年级的335名进城务工人员随迁子女。研究者基于收集到的测量数据获得三类潜在调整结构：社会能力（同行评估的社会能力、社会偏好、领导力和教师评定的社会能力）、学习成绩（学业成绩/成绩、教师评定的学习成绩和教师评定的学习问题）和心理调整（感知

自我价值、孤独和抑郁),用以评估其与文化适应(对城市文化的适应、对农村文化的坚持)之间的关联。这些内容均通过量表进行测量。

交叉滞后结构方程模型的结果表明:①适应城市文化对后来的社会能力有积极的贡献,说明学习城市价值观和生活方式、参与社会活动以及在城市中建立人际关系,对流动儿童提高在社会环境中发挥作用的能力非常重要。②乡村文化的坚持对后期的心理调整具有显著的正向主效应关系。尤其是对于不愿或无法适应城市文化的儿童来说,保持乡村文化对他们的心理健康尤为重要,其产生的积极影响比对城市文化适应能力高的儿童更加明显。

该研究从发展的角度,关注了中国流动儿童的文化适应与环境调整之间的关系。研究表明,社会能力和学业成绩有助于后期文化适应,文化适应的正确取向又有助于后期对环境调整的适应。学习城市价值观有助于提高流动儿童在社会环境中的社会归属感和自信,锻炼社交和解决问题的能力。而对于缺乏城市适应性的儿童来说,参加家乡文化的活动、与家乡的亲戚和同龄人保持联系,为他们应对适应困难和情绪困扰、获得健康的心理状态提供了必要的支持。

(二) 案例分析

通过案例,让学生了解中国流动儿童现状及其存在的文化适应性问题,培养学生对国家重大公共卫生问题的关心、对下一代儿童少年的关注。除了课本上提到的儿童少年心理行为发育过程,现实中儿童的心理行为发育可能会存在各式各样的阻碍。同时,通过流动儿童从农村到城市的心理行为转变的案例,也将加深学生对儿童少年心理行为发育过程连续性及阶段性的理解。

(1) 文化适应性属于儿童少年心理行为发育的哪一方面

内容？

文化适应性属于儿童少年心理行为发育的综合性内容，包括语言思维发展、情绪行为、社交行为等方面。

（2）案例中提到的研究在政府和社会对流动儿童的关注方面有什么实际意义？

应加强对流动儿童社会能力与心理调整方面的投入。例如，教师多为流动儿童提供展示的机会、加大对流动儿童的心理培训及师资投入；也可根据流动儿童自身的适应性情况，定制个性化的文化适应障碍干预方案。

参考文献

［1］路锦非. 城市的未来 赋予城市流动儿童平等受教育权［EB/OL］.（2021 - 11 - 05）［2022 - 05 - 01］. https://www.thepaper.cn/newsDetail_forward_15186849.

［2］陶芳标. 儿童少年卫生学［M］. 8 版. 北京：人民卫生出版社，2017.

［3］CHAARANI B, HAHN S, ALLGAIER N, et al. Baseline brain function in the preadolescents of the ABCD Study［J］. Nature Neuroscience, 2021, 24（8）：1176 - 1186.

［4］CHEN X, FU R, LI D, et al. Acculturation and adjustment among rural migrant children in urban China：a longitudinal study［J］. Applied Psychology：Health and Well-Being, 2021, 13（3）：559 - 577.

［5］SCOTT H K, COGBURN M. Piaget［M］. Treasure Island（FL）：StatPearls Publishing, 2023.

（金　宇）

第四章 青春期生长发育

第一节 课程思政教学设计

一、案例教学适用范围

本案例适用于"儿童少年卫生学"本科生和研究生课程中青春期生长发育相关章节的教学。

二、课程教学目标

1. 知识目标

(1) 掌握儿童少年青春期发育的相关概念。

(2) 熟悉青春期发育过程中的体格发育、性发育和心理发展特点。

(3) 了解青春期发育的内分泌变化和青春期发育的神经-内分泌调控机制。

2. 能力目标

(1) 通过案例分析,让学生能构建青春期生长发育的知识体系,能对青春期生长发育的个体差异有初步了解。

(2) 通过案例分析,讨论研究青春期生长发育规律的意义。

3. 价值目标

（1）增进学生对青春期发育过程中的体格发育、性发育和心理发展特点的理解，了解青春期的特殊性。

（2）通过案例教学及小组讨论，让学生体会研究青春期心理、生理发育的重要性，尤其是对于儿童少年来说，青春期的健康过渡对个人后期发展有着深远的影响。培养学生在关爱儿童少年方面的社会责任感和担当精神。

三、教学方法

本章课程教学采用理论知识结合案例分析授课的模式。学生提前预习课本知识和线上慕课；线下授课时，在理清课本思路、讲解完主要内容后，教师结合案例向学生提出问题，将课程教学的三个目标融入案例分析，并组织小组讨论，讨论后由小组推选组长对案例的细节进行分析并进行感受分享。讲解案例时，教师可结合中国儿童少年的青春期生长发育现状，通过视频教学，揭示存在的问题及政策相关的解决方案，理论联系实际，提高学生学习的兴趣及主动性。

第二节　课程思政案例及分析

叶恭绍——妇幼卫生保健与儿童少年卫生领域的开创者

（一）案例内容

青春期是个体从童年向成年逐渐过渡的时期，是生长发育过程中一个极其重要的阶段。

WHO 在"青少年妊娠与流产"全球会议上，根据青少年生理、心理和社会性发育的特点，把青春期定义为这样一个时期：①个体从出现第二性征到性成熟的生理发展过程；②个体从儿童认知方式发展到成人认知方式的心理过程；③个体从经济的依赖性到相对独立状态的过渡。青春期意味着儿童少年向成人成长的过程，这一过程包含儿童少年的生理成熟过程、心理成熟过程和社会成熟过程。

青春期不仅是儿童少年躯体发育和性发育成熟时期，同时也是情绪、态度、行为、信念、动机、人际关系、责任、人生观、世界观、价值观及生活方式等心理社会特点习得、形成和发展巩固的重要时期。青少年思想观念形成和成熟的过程，以及在建立健全人格成长的过程，对他们未来以什么样的认知和态度走向社会具深刻意义。

青少年在青春期这个阶段，仍具有许多童年期的特征。随着生长发育进程的推进，青少年逐渐发展出一些成年期的行为特性，因此常常表现出似是而非的成熟现象。一方面，青少年要适应体格生长过程中的生理变化；另一方面，他们还要适应成熟过程中出现的心理社会发展问题。近百年来，随着社会、经济的快速发展，儿童少年生长发育表现出提前加速现象（又称长期趋势或长期变化），体格生长发育和性发育逐渐提前，而心理社会发展则相对延长和推迟。这种身心发育不同步的现象，常常导致青少年出现身体困扰和心理冲突。如果青少年不能及时得到有效的疏导和帮助，往往导致复杂问题的出现，比如吸烟、酗酒、发生过早的性行为及由此引起的少女怀孕、感染性传播疾病及艾滋病，甚至出现违法、犯罪、自杀、意外伤害等。

早在 1950 年，我国儿童少年卫生领域对青春期的调查研究就已开展。至 1960 年，我国首次提出了男女少年第二性征的分度。这成为我国广大儿少卫生工作者研究青少年青春期发育和实际工作中的重要参考依据，为进一步开展青春期生长发育研究奠定了基础。其中的杰出贡献者之一是我国儿童少年卫生研究领域开创者叶恭绍。她为祖国的儿童少年的健康付出了毕生心血、做出了巨大贡献，被誉为"为儿童少年造福的人"。

叶恭绍，祖籍广东番禺，1908 年 11 月 7 日出生于江西九江。其祖父是清朝进士，父亲是清朝举人，曾任江西知府，家庭条件优越，生活无忧。晚清社会浓厚的重男轻女思想，使女性难以获得高等教育。然而，叶恭绍在当时任政府交通部部长的二哥叶恭绰的积极支持下，走出家庭，接受新式教育。1927 年，她于天津中西女子中学毕业，考入南开大学，两年后转入北平燕京大学医预科学习。1930 年，她考入北平协和医学院，并于 1935 年获医学博士学位。

在协和医学院内科临床实习期间，叶恭绍目睹了当时医学检测技术的落后，也见证了患者病情的难以确诊，更经历了抗生素等药物问世之前医生对诸多疾病的束手无策的时期。这一时期，在美籍公共卫生学家兰安生（John Black Grant）的一堂课上，叶恭绍听到了"一盎司的预防胜过一磅的治疗"这一名言，深受启发。从医学院毕业后，她毫不犹豫地选择了从事预防医学妇幼卫生保健工作并为此奋斗一生。

1950年，我国召开第一届全国卫生工作会议，确定"面向工农兵""预防为主""团结中西医"这三大卫生方针。叶恭绍深受鼓舞，决心在预防医学妇幼卫生保健领域大干一场。恰逢此时，卫生部动员她前往北京大学医学院（1952年改为北京医学院）协助严镜清教授创办卫生系。自此，她担任北京大学医学院卫生系、妇幼卫生教研组的行政和业务领导工作。她最大的愿望是开展中国儿童少年卫生学科的科研工作，推动该学科发展与繁荣。经过十多年的艰辛努力，1960年，我国终于成立了北京市儿童少年卫生研究组。但十年内乱随之而来，研究组被解散。叶恭绍受到的压力越来越大。但她毫不妥协，并坚定地说："就是剩下我一个人，也要为儿童少年卫生做点研究工作！"在下放农村劳动期间，她还不辞劳苦、挨家挨户地检查儿童龋齿发病情况。1973年，叶恭绍在全国卫生系教学工作大会上郑重提出："我代表两亿儿童少年呼吁：恢复儿童少年卫生研究工作！"为此，她遭到批判。但她没有气馁，而是以大无畏的勇气和百折不挠的精神，坚持宣传恢复儿童少年卫生研究工作的重要性。"文化大革命"结束后，她的建议得到有关部门领导的理解、关心和支持。1982年，国家科学技术委员会批准了在北京医学院成立北京儿童少年卫生研究所（简称"儿少卫生所"）。叶恭绍终于完成了"毕生所做的最重要的一件事"，实现了多年夙愿，并任儿少卫生所名誉所长。

在学术研究上，叶恭绍最突出的成就之一是对儿童少年成长发育（包括青春期发育）的开拓性研究。早在1947—1948年，她远赴美国，从美国东北部到西部，考察了不少儿童发育中心和研究机构，了解到美国儿童少年的身心发育和有关社会问题并受到很大启迪。20世纪50年代初，她撰写了介绍儿童生长发育特点和规律的文章，为后来的研究工作做了理论上的准备。20世纪50年代后期，她开始在北京市城乡做儿童少年生长发育的调查研究。1962年，她又带领刚刚成立的北京市儿童少年卫生研究组到景山学校，连续四年开展有关儿童的形态、功能、特征等方面发育状况的课题研究，取得大量第一手资料，写成相关研究论文。在深入调查研究的基础上，她提出男女少年第二性征的分度，这在我国乃属首次，为广大工作者研究青少年青春期发育和实际工作提供了重要参考依据。基于性征分期在青春发育研究中的特殊作用，叶恭绍提出的分期方法的意义不仅限于方法学本身，而且开辟了我国青少年青春期发育研究的新领域，推动了中国青少年青春期卫生保健事业的发展。

自1978年以来，儿童少年卫生学界在调查研究、学术研讨、培训及青春期的卫生需求等方面，进行了大量有益的调查研究工作。20世纪80年代初，叶恭绍出访美国、英国、日本、马来西亚、菲律宾等国。她根据考察结果，结合我国具体情况，反复强调在我国开展青春期健康教育的重要性和迫切性。这个领域的科学研究和实际工作逐渐受到各界的广泛关注。尤其是1996年7月，《中华医学杂志》编辑委员会举办了全国青春期身心健康学术研讨会。此次会议是一场全国性的预防、保健和临床跨学科的研讨会。会议从基础、临床、预防、保健各个领域，从生理、心理、社会各个角度，对我国儿童少年青春期身心健康进行了综合性的研讨，使参会者对青春期的健康需求有了较全面的了解和认识。这为我国今后的青春期身心健康研究的多学科参与和合作起到了极大的推进作用。

为了解我国儿童少年的体质及健康状况，叶恭绍还大力倡导和组织对学生体质与健康的调查研究工作。1978年和1985年，由当时的国家体育运动委员会（简称"国家体委"）、国家教育委员会（简称"国家教委"）、国家民族事务委员会（简称"国家民委"）、卫生部等单位牵头，在全国范围内进行了两次学生体质与健康的调查研究，叶恭绍任首席技术顾问兼学术委员会主任委员。两次调查研究共对汉族和 27 个少数民族的 120 万余名 7～22 岁男女学生，从形态、功能、素质及健康情况方面进行了调查。通过调查，进一步掌握了我国各民族儿童少年生长发育现状与特点，探索了某些发展规律，以及不同民族儿童少年之间存在的异同。通过调查，也初步查明了我国大、中、小学生常见病和多发病的患病情况，以及他们的年龄、性别、城乡、地区和民族之间的特点，从而为指导和改善学校卫生工作提供了重要依据。这两次调查研究规模之大、测试指标之多、涉及学科之广、取得成果之多，在我国是第一次，在世界上也属罕见。在调研期间，叶恭绍不顾年迈，北上新疆、南下云南，亲临一线，为这项多学科的综合研究胜利完成做出了重大贡献。

1986 年以后，叶恭绍致力于儿童少年骨龄标准的研究。她用英国专家特纳（Tanner）的骨龄计分法，制定了北京地区 7～18 岁儿童青少年的骨龄标准，用骨成熟度判断骨龄，同时制作出图谱，兼收了计分法和图谱法的优点。这使得我国儿童青少年骨龄研究工作有了可利用的工具，在今后比较不同国家儿童青少年骨龄发育水平时我国也具有可比性。

在进行儿童青少年保健科研的同时，叶恭绍还精心培育了几代儿童少年卫生、预防医学人才。在中华人民共和国成立之初，儿童少年卫生学是一门新学科，没有现成的专业教材，她就组织教研组人员编写学校卫生学教学讲义、实习指导及实习教学法指导等，为编写本专业课程教材打下了坚实的基础。她在不断收集国内相关资料、总结教学经验的基础上，主编了全国医学院校试用教材《儿童少年卫生学》，于 1960 年由人民卫生出版社出版，从此结束了该学科无全国统编教材的局面。20 世纪 60 年代中期，叶恭绍又主持修订了《儿童少年卫生学》。修订后的教材内容，不仅重点突出，而且紧密联系实际，既反映了中国儿童少年卫生工作成就，又提出了解决相关问题的具体措施，为教学科研人员提供指南。叶恭绍倾注的心血得到肯定，被公认为编写中国儿童少年卫生学教材的带头人。

叶恭绍非常关心青年教师与学生的成长。在教学实践中，她严格培养青年教师，要求他们一定要写出详细的教学提纲并进行试讲。叶恭绍或亲自指导青年教师的授课内容、语言表达、板书设计等，或责成高年资教师悉心指导青年教师，务求准备充分，方能走上讲台。青年教师感慨："这真像'三堂会审'，紧张得很，但确实受益匪浅。"她也经常亲自带领学生深入农村，进行第一线的调查研究，并且直接为工农群众服务。1959年，北京郊区儿童麻疹流行，她带领学生深入农户治疗患儿，宣传疾病防治知识。三年困难时期，她带领学生对北京近郊幼儿园儿童营养状况进行大量调查研究，提出改善办法。她为社会解决实际问题、为人民服务的思想和实事求是的精神，既丰富了学生的知识，又对学生道德培养起积极促进作用。经由叶恭绍指导和培训的卫生系毕业生近2600名，分布全国各地，他们始终不忘母校、不忘师恩，服务人民、造福社会。

1982年，北京大学儿童少年卫生研究所成立。在叶恭绍的主持和指导下，研究所迅速发展，逐渐成为全国技术咨询、科学研究、干部培训和信息系统中心。在科研上，研究所的相当一部分课题处于全国科研前沿水平。在教学上，研究所建立了当时我国唯一能授予儿童少年卫生学科博士学位的博士点，培养了一大批人才。而自1979年以来，叶恭绍作为博士生导师，培养了数十位博士、硕士研究生，为学科发展做出了重要贡献。

(二) 案例分析

儿童少年卫生事业是崇高的事业。叶恭绍为我国儿少卫生事业做出了光辉的、不可磨灭的贡献。

正是一代又一代像叶恭绍这样的学者、医疗工作者不畏艰难、不懈奋斗的为国为民，为人民健康、预防医学事业做出不可忽视的贡献，才使得我国儿童少年的健康水平不断提高、儿童少年卫生领域的学术研究水平不断深入。

21世纪的今天，经过40多年的改革开放，中国在经济、社会、科技、文化等方面取得巨大的发展。如今，我国的儿童少年卫生研究，在学术环境、人才培养、设备提供等方面，均获得了极大的改善和长足的发展，正接近或已然达到国际先进水平。我们更应该珍惜历史赋予的机会，努力学习和钻研，把我国儿童少年卫生的教学和研究提升到更高水平，为儿童少年的健康事业做出贡献。

(1) 除了叶恭绍，我国儿童少年健康事业的推进者还有谁? 请举一例说明。

邓桂芳自大学毕业起就投身于儿童少年卫生和妇幼卫生工作。她遵循预防医学理论与实践相结合的工作作风，长期在农村、工厂及学校现场进行科研调查和技术指导工作，为推进我国儿童少年健康事业贡献了巨大力量。

(2) 从叶恭绍的案例中能得到什么启发?

坚韧不拔、持之以恒是每位科研工作者都应该具备的品质。我们应脚踏实地，不断向先进模范看齐，勇挑时代重任，为我国儿童少年健康事业做贡献。

参考文献

[1] 陶芳标. 儿童少年卫生学 [M]. 8版. 北京: 人民卫

生出版社，2017.

[2] 叶广俊，吕毅之. 为儿童少年造福的人：儿童少年卫生学家、教育家叶恭绍 [J]. 学会，1994（5）：44-46.

[3] 叶广俊. 应该重视青春期身心健康问题 [J]. 中华医学杂志，1997，77（1）：4.

（王庆雄）

第五章　生长发育影响因素

第一节　课程思政教学设计

一、案例教学适用范围

本案例适用于"儿童少年卫生学""现代儿童少年卫生学"等本科生和研究生课程中生长发育影响因素相关内容的教学。

二、课程教学目标

1. **知识目标**
（1）掌握儿童青少年生长发育的影响因素。
（2）熟悉遗传和环境因素在生长发育中各自发挥的作用。
（3）掌握行为生活方式因素、社会决定因素对儿童青少年生长发育的影响。

2. **能力目标**
（1）通过案例分析，让学生了解生命早期因素、社会决定因素对儿童青少年生长发育的影响。
（2）通过案例分析，让学生掌握行为生活方式因素（特别是饮食行为）对儿童青少年生长发育的影响。

3. 价值目标

（1）通过案例教学，描述生长发育影响因素的多维性、复杂性，阐述遗传因素决定生长发育的潜能而环境因素制约或促进潜能的实现程度，使学生更加系统地学习和掌握儿童青少年生长发育的影响因素，提高学生的专业知识水平，培养学生多方位思考问题的能力。

（2）通过小组讨论的教学活动，使学生理解遗传和环境因素在共同决定生长发育速度和水平中的交互作用，激发学生的学习兴趣，增强学生的思考、分析、概括、评论、说服等能力和自信心。

三、教学方法

本章课程教学采用前沿理论知识讲授和案例分析讨论相结合的模式。教师在案例教学开始之前，指导学生进行必要的预习并认真阅读案例。课程开展时，教师应以学生为中心，鼓励学生针对案例开展开放式、互动式讨论来启发思想、增强信心、提升能力。

第二节 课程思政案例及分析

一、影响儿童青少年身高增长的重要因素

（一）案例内容

儿童青少年生长发育状况是综合国力评估中的重要内容之

一，能有效反映国民生活条件与健康程度。2020年，一篇发表在《柳叶刀》(The Lancet)的论文表明，近30多年来，中国19岁男孩身高增长全球最快，平均身高增加了8 cm，平均身高排名从1985年的全球第150名提升到了2019年的全球第65名。而中国19岁女孩身高增长位列全球第3，平均身高增加了6 cm，平均身高全球排名从第129名上升到第54名。我国2005—2014年学生体质与健康调研也得到了类似发现，当前我国儿童青少年生长水平保持着迅猛增长的态势，各年龄组学生的身高都有明显增长（见表5-1、表5-2）。乡村学生身高平均增长量普遍高于城市学生，男生高于女生，城乡差距在逐渐缩小。

儿童青少年的身高增长发育有两次突增期，即婴幼儿期和青春期。婴幼儿期是指出生后到2岁左右的时期，这一时期的身高增长速度是最快的，平均每年可以增长25 cm。青春期是指性成熟前后的时期，这一时期的身高增长速度也很快，平均每年可以增长8～12 cm。儿童青少年身高增长两次突增期之间的时期，称为稳定期或缓慢期，该时期的身高增长速度较慢，平均每年只能增长3～5 cm。

儿童青少年身高增长两次突增期的时间和持续时间长度因人而异，受到性别、种族、地区、个体差异等因素的影响。一般来说，女生比男生更早进入两次突增期，也更早结束；亚洲人比欧美人更晚进入两次突增期，结束时间也更晚。因此，不能简单地以年龄来判断儿童青少年是否处于身高增长的突增期，而应考虑其生长发育的整体进程和发育水平。同时，也要注意保持良好的生活习惯和饮食结构，促进儿童青少年的健康成长。

表 5-1 中国 2005—2014 年 7~18 岁男生身高变化趋势

单位: cm

年龄/岁	城市									乡村								
	P_5			P_{50}			P_{95}			P_5			P_{50}			P_{95}		
	2005年	d_1值	d_2值	2005年	d_1值	d_2值	2005年	d_1值	d_2值	2005年	d_1值	d_2值	2005年	d_1值	d_2值	2005年	d_1值	d_2值
7	116.4	1.1	1.2	125.6	1.2	1	135.5	1	0.6	112.8	1.8	1.5	122.4	1.7	1.3	132.6	1.2	1.1
8	121.3	1.1	1.3	131.1	1	1	141.5	0.4	1	117.7	1.7	1.6	127.7	1.6	1.4	138.1	1.4	1.3
9	125.9	1.1	1.8	135.9	1.5	1.2	146.7	1.1	1.3	122.4	1.4	1.6	132.7	1.4	1.3	143.3	1.5	1.5
10	130.4	0.9	1.5	140.9	1.5	1.1	152.4	1.6	1	126.8	1.6	1.4	137.5	1.7	1.2	148.8	1.8	1.5
11	134.9	0.7	1.8	146.4	1.5	1.6	159.3	2.1	1.6	131	1.5	1.9	142.4	1.7	1.9	155.3	1.8	2.5
12	139.2	1.2	1.6	152.6	1.5	1.8	166.8	1.7	1.3	135.4	1.5	2.2	148	2.3	2.8	162.5	2.5	2.8
13	145.4	2.4	0.7	160.5	1.5	1.2	173.5	1.2	0.9	141	2.3	1.9	155.8	2.5	2.1	170	2	1.7
14	152.8	1.9	0.7	166.3	0.9	1	177.6	0.9	0.6	147.4	2.5	1.9	162.1	1.9	1.5	174.4	1.5	1.2
15	158	0.9	1	169.6	0.5	0.8	180.2	0.5	0.8	153.8	1.7	1.7	166.3	1.4	1.2	177.3	1.4	1.1
16	160.4	0.6	0.8	171.2	0.3	0.6	181.5	0.3	0.7	157.6	1.2	1.2	168.5	1.2	0.9	178.9	1.3	0.9
17	161.4	0.6	0.5	171.9	0.3	0.3	182.1	0.2	0.5	159.5	1.1	1.1	169.7	0.8	0.8	179.8	1	0.9
18	161.4	0.5	0.6	171.9	0.3	0.4	182.2	0.2	0.6	160.1	0.9	0.9	170.1	0.6	0.7	180.1	0.8	0.8

注: d_1值为 2005—2010 年身高增量,d_2值为 2010—2014 年身高增量。

资料来源: 高迪、董彦会、尹杨等《中国 2005—2014 年中小学生身高体重变化趋势分析》,载《中国学校卫生》2018 年第 2 期,第 252-255、259 页。

表 5-2 中国 2005—2014 年 7~18 岁女生身高变化趋势

单位：cm

年龄/岁	城市 P_5 2005年	d_1 值	d_2 值	城市 P_{50} 2005年	d_1 值	d_2 值	城市 P_{95} 2005年	d_1 值	d_2 值	乡村 P_5 2005年	d_1 值	d_2 值	乡村 P_{50} 2005年	d_1 值	d_2 值	乡村 P_{95} 2005年	d_1 值	d_2 值
7	115	1.3	1.2	123.9	1.6	0.5	133.7	1.1	0.5	111.3	1.9	1.8	121.2	1.5	1.3	131.3	1.3	1.1
8	120.2	0.8	1.3	129.7	1	0.9	140	0.6	0.5	116.8	1.3	1.3	126.5	1.4	1.3	137.2	1.3	1.1
9	124.8	1.3	1.3	135.2	1.2	1	146.5	1.1	0.7	121.4	1.2	1.9	132	1.4	1.5	143.7	1.1	1.4
10	129.9	1.3	1.3	141.4	1.4	1.1	153.4	1.3	0.9	126.3	1.7	1.7	137.9	1.6	1.7	150.8	1	1.6
11	135.6	1.2	2	148.2	1.2	1.7	159.8	1.1	1.4	131.4	1.4	2.3	144.2	1.2	2.7	156.8	1	2.1
12	140.6	1.4	1.6	152.9	0.8	1.4	163.5	0.9	0.9	136.7	2	2.1	149.4	1.7	1.9	160.4	1.8	1.5
13	145.8	1.4	0.9	156.4	0.8	1	166.1	0.8	0.7	142.7	1.8	1.2	153.8	1.2	1.2	163.4	1.5	1.2
14	148.5	1	0.5	158.2	0.7	0.7	167.7	0.7	0.7	146.1	1.1	0.9	155.9	0.8	1.1	165.1	1.1	1.1
15	149.8	0.4	0.6	159	0.3	0.8	168.6	0.2	0.9	147.6	1	0.7	156.9	0.8	1	166	1.2	1.1
16	150.4	0.4	0.3	159.4	0.4	0.6	169	0.2	0.8	148.5	0.5	0.5	157.6	0.5	0.8	166.7	0.9	0.8
17	150.8	0.1	0.2	159.7	0.2	0.5	169.2	0	0.7	149.1	0.4	0.3	158	0.4	0.6	167.1	0.8	0.6
18	150.9	0.1	-0.2	159.7	0.2	0	169.3	0	0.2	149.2	0.4	0.3	158.1	0.3	0.5	167.2	0.8	0.6

注：d_1 值为 2005—2010 年身高增量，d_2 值为 2010—2014 年身高增量。

资料来源：高迪、董彦会、尹杨等《中国 2005—2014 年中小学生身高体重变化趋势分析》，载《中国学校卫生》2018 年第 2 期，第 252-255、259 页。

儿童青少年的身高增长是一个受多种因素影响的复杂过程，其中最重要的是遗传因素，占身高决定因素的70%～80%。遗传因素决定了个体的生长发育速度、时间和潜力，通常父母身高越高，子女的身高可能越高。但是，遗传因素并不是身高唯一的决定因素，后天的营养、运动、睡眠、情绪和疾病等因素也会对身高产生重要影响。

营养是促进人体长高的重要因素之一，包括蛋白质、矿物质和维生素等。蛋白质是人体组织细胞的主要成分，也是生长激素的原料。矿物质主要指钙、磷、镁等，它们是骨骼发育所必需的物质。维生素主要指维生素A、维生素D和维生素B族等，它们可以促进钙和磷吸收、骨骼代谢以及神经系统功能。儿童青少年应该保证每天摄入足够的富含优质蛋白质的食物（如牛奶、鸡蛋、鱼肉等），以及富含钙、磷、镁和维生素A、维生素D、维生素B族的食物（如绿叶蔬菜、水果、坚果等）。一项来自北京大学公共卫生学院的研究表明，牛奶在儿童青少年生长发育早期更有利于促进其身高增长，鸡蛋对身高促进作用随生长期逐渐增强。

运动是促进儿童青少年长高的有效方式之一，它不仅可以刺激骺软骨细胞增殖，增加骨骼长度，也可以促进生长激素的分泌和利用。运动对于增加身高最有效的时期是在快速生长期，即婴儿期（0～12个月）和青春期（10～18岁）。增加身高最有效的运动方式是有氧运动和拉伸运动，如跑步、跳绳、游泳、篮球、足球、瑜伽等。儿童青少年应该每天进行至少1小时的中等强度或以上的运动，并保持规律性和持续性。

睡眠是儿童青少年长高不可缺少的因素，它不仅可以促进人体各系统器官的恢复和发育，也可以促进生长激素的分泌。人体在深度睡眠时，生长激素分泌最旺盛，一般在入睡后1～2小时内达到峰值。因此，儿童青少年应该保证每天有足够的睡眠时间和质量，一般建议每天睡 8～10 小时，且在晚上 10 点前入睡，避免熬夜。

情绪是影响儿童青少年长高的隐性因素，它可以影响人体的内分泌平衡和神经系统功能。如果儿童青少年经常处于压力、焦虑、抑郁等负面情绪中，就会导致生长激素的分泌减少，使身高的增长受阻。相反，如果儿童青少年经常处于快乐、自信、乐观等正面情绪中，就会促进生长激素的分泌增加，使身高的增长加速。因此，儿童青少年应该保持良好的心理状态，避免过度的学习压力和生活压力，多参与一些有趣的活动和社交，多接受家庭和社会的关爱和支持。

疾病是影响儿童青少年长高的危险因素，它可以直接或间接地损害人体的生长发育。一些内分泌疾病（如生长激素缺乏、甲状腺功能低下、性早熟等）、消化系统疾病（如慢性肠炎、胃溃疡等）、骨骼系统疾病（如骨骺线损伤、骨质疏松等）、遗传代谢疾病（如马方综合征、唐氏综合征等）等都可能导致儿童青少年身高发育受限。因此，儿童青少年应该定期进行身体检查，及时发现和治疗可能影响身高的疾病，遵医嘱服药，不要随意使用一些可能抑制生长发育的药物（如类固醇皮质激素等）。

总之，儿童青少年的身高增长是一个受多种因素影响的复杂过程，其中遗传因素是最重要的，但后天因素也不可忽视。要想科学地促进身高增长，就要从多方面入手，注意营养、运动、睡眠、情绪和健康等方面因素，同时要根据个体的生长发育特点和规律，合理地制订增高计划，并坚持执行。只有这样，才能最大限度地释放身高潜力。

（二）案例分析

通过案例分析，让学生理解合理的营养与膳食平衡对儿童青少年生长发育的重要性，启发学生辩证地运用科学知识解决生活实际问题。

儿童身高受遗传（儿童身高有约70%受父母的先天遗传影响，父母的身高决定了孩子的基础身高）、营养（均衡且适量的营养是保证孩子正常健康发育的基础，就像盖房子，地基要全面打结实了，楼房才能盖得高且抗震能力好。同样的道理，想要孩子长得高，父母需要关注的就不仅是钙，而是均衡营养、健康的体格全面发育）、睡眠（深睡眠时大脑的垂体会分泌生长激素，促进蛋白质合成，通过刺激长骨末端的软骨细胞增殖来促进骨骼增长）、运动（合理锻炼有利于平衡骨骼生长，以及全身的钙、磷代谢，加速矿物质在骨骼沉积。有研究数据显示，同年龄的孩子，经常锻炼的比不爱运动的高 4～8 cm）、情绪（不良情绪、压力会影响儿童大脑中生长激素的分泌）、疾病（疾病对身高也会产生影响，如肥胖、营养不良等）等多方面因素影响。

（1）喝牛奶能促进儿童青少年的身高增长吗？

针对小学生喝牛奶习惯与身高发育的相关性研究数据显示，每天坚持饮牛奶的小学生，其平均身高比不喝牛奶的小学生高 5～7 cm，坐高高 2～4 cm，膝高高 2～4 cm。因为牛奶含有丰富的蛋白质、钙以及人体必需的多种微量元素，对骨骼健康有积极意义。国内外的研究数据均显示，适量喝牛奶有利于不同年龄段儿童青少年骨重量和骨密度的增加，减少骨折风险。所以，适量喝牛奶对促进骨骼的健康发育和身高增长有一定帮助。

（2）把牛奶当水喝能让儿童青少年长得更高吗？如果儿童青少年长期把牛奶当水喝可能会造成什么后果？

把牛奶当水喝不能让儿童青少年长得更高。如果儿童青少年长期把牛奶当水喝可能会造成以下后果：

1）增加肥胖风险。对于胃口好的孩子，牛奶喝得多，可能并不怎么影响正餐的食量，但 100 mL 牛奶含约 54 kcal 的热量、3.5%～4.2% 的脂肪，例如一天喝 1000～1200 mL 牛奶，相当于每天大约多摄入了540～648 kcal热量，这样非常容易引起肥胖，而肥胖又是儿童高血脂、脂肪肝、性早熟的罪魁祸首之一。

2）造成营养不良。牛奶中含86%～88%的水。对于胃口不佳的孩子，牛奶喝多了会占据一定的胃容量，脂肪又有较好的饱腹感，使孩子饥饿感不明显，影响正餐的摄入，必然导致其他营养素摄入不足或不均衡，使人变得消瘦、营养不良，反而影响身高、体重的增长，严重者还会影响认知发育。

3）增加骨折风险。牛奶含钙量高，每100 mL牛奶约含100～110 mg的钙，适量饮奶可补足三餐饮食中摄入不够的钙，但身体有个"阀门"，当过量饮奶带来超量的蛋白质和钙、乳糖，身体并不会无条件接受它们，自然也就无从发挥促进身高的作用，而多余的营养素就是负担，严重时可能会增加骨折风险。

4）增加缺铁性贫血风险。牛奶是贫铁的食物，当孩子大量喝牛奶，会干扰铁的吸收，可能会引起缺铁性贫血。

5）腹胀、腹泻。牛奶易胀气，把牛奶当水喝，可能会加重胃肠负担，引发消化不良或腹泻等疾病。

6）龋齿。喝水不用漱口，把牛奶当水喝，喝牛奶后不一定会去漱口、刷牙，会增加龋齿风险。

（3）婴幼儿到儿童青少年群体一天喝多少奶适宜呢？

1）婴儿期：0～6月龄，每1 kg体重，每天需要100～120 mL奶，每天不少于800～1000 mL奶，以满足生长需求；6月龄至1岁，单靠母乳或配方奶已经不能满足生长发育需求了，需要在保证奶量的基础上及时添加辅食。

2）13～23月龄：在保证正常饮食的基础上，每天奶量为400～600 mL。

3）2～5岁儿童：在保证正常饮食的基础上，每天奶量为350～500 mL。

4）6～17岁儿童：在保证正常饮食的基础上，每天奶量为

250～500 mL。

(4) 促进身高增长除了喝牛奶，还需关注什么？

1) 保证均衡营养：饮食中适当减少高糖食物以及零食的摄入，合理地摄入蛋白质、钙、铁、锌、维生素 A 含量丰富的食物，如鱼、虾、肉、蛋、蔬菜和低糖水果。

2) 坚持运动：对于小月龄婴儿可以多做被动操，学习翻身、爬；年龄较小的幼儿则鼓励多走、蹦、跳；学龄儿童可引导多参加户外活动，多晒太阳补充维生素 D，另外，如跳绳、跑步、篮球、排球、引体向上等向上跳跃、向外伸展的运动，都有助于身高增长。

3) 不熬夜：在深睡眠时，脑垂体会分泌生长激素，主要集中在晚上 9 点至次日凌晨 1 点、早晨 5 点至 7 点这两个时段，不熬夜、睡得好也能帮助正在长身体的孩子长高。

4) 良好的亲子关系：当孩子长期处于不健康情绪或高压环境下，下丘脑、垂体系统机能受情绪抑制，进而引起垂体的生长激素分泌减少，也会影响身高的发育。

5) 寻求医生帮助：每个家长都希望孩子长高，但是长高真的不能只靠喝牛奶，父母在养育孩子的过程中遇到饮食营养问题时，可以去儿保科找医生一起商量对策。

二、中国经济发展与中国学龄儿童和青少年营养状况

(一) 案例内容

中国快速但不平衡的经济发展，为研究社会经济发展与儿童和青少年营养状况之间的关系提供了机会。经济增长及伴随其的营养转变，可能给儿童和青少年带来营养不良和肥胖的双重负担，并可能加剧群体之间的不平等。北京大学儿童青少年卫生研

究所所长马军教授团队在《柳叶刀·糖尿病与内分泌学》（The Lancet Diabetes & Endocrinology）杂志上发表研究论文。该研究通过连续开展5次全国性调查，对1995—2014年中国经济增长与儿童青少年营养状况进行分析评估，结果表明，20年来，中国儿童青少年生长已由营养不良向营养过剩快速转变，且该转变对乡村儿童的影响更加明显。

在开展该项研究前，研究者以专业术语"经济增长"或"社会经济指标"或"经济发展"和"营养状况"或"营养问题"或"营养负担"或"发育迟缓"和"消瘦"和"超重和肥胖"以及"趋势"和"儿童和青少年"在PubMed上搜索了1970年1月1日至2018年12月1日以英语发表的文章，未发现有任何相关研究报告全面评估经济增长、生活水平提高、城市化与儿童营养状况变化之间的关系，包括中国或其他地区儿童青少年的发育迟缓、消瘦、超重与肥胖。对此，研究者通过分析1995年、2000年、2005年、2010年、2014年这5次的全国性营养调查结果，对1995—2014年间中国29个省共1054602名7～18岁学生群体的营养状况及其所在区域的经济发展数据同时进行评估。同时，这类学生群体在1995—2014年间，连续参加了中国29个省份的全国学生体质与健康调查。该研究中的社会经济指标，包括人均国内生产总值（Gross Domestic Product, GDP）、恩格尔系数（衡量家庭食品支出比例）和城市化水平（城市化率）。研究发现，社会经济指标的改善，与儿童发育迟缓和消瘦的改善以及超重和肥胖的增加呈正相关，农村地区的社会经济发展与营养状况之间存在着更强的关联，这导致20年来城乡地区的营养差异缩小。与城市环境相比，在农村环境中，恩格尔系数较低的同时，发育迟缓和消瘦的减少幅度较大。该研究中的三项社会经济指标表明，与城市相比，农村儿童青少年超重和肥胖的人数增长更快。

从表 5-3 可见，1995—2014 年，中国儿童青少年生长迟缓和消瘦得到了明显改善，生长迟缓检出率从 8.1% 下降到 2.4%，消瘦检出率从 7.5% 下降到 4.1%。但同时，超重和肥胖检出率从 5.3% 上升到 20.5%。值得关注的是，中国城乡儿童青少年营养状况（包括生长迟缓、消瘦和超重或肥胖 3 个指标）的差距正在逐渐缩小。北京、天津、上海等社会经济状况较好的地方，率先出现了由营养不良向营养过剩的快速转变，且该转变对乡村儿童的影响更加明显，表现在社会经济指标与超重或肥胖的正相关性农村要明显强于城市。

表 5-3　中国学生健康体质调研数据 1995—2014 年

	1995	2000	2005	2010	2014
Participants	204932	209167	225213	208136	207154
Sex					
Girls	101830 (49.7%)	104612 (50.0%)	112223 (49.8%)	104043 (50.0%)	103538 (50.0%)
Boys	103102 (50.3%)	104555 (50.0%)	112990 (50.2%)	104093 (50.0%)	103616 (50.0%)
Setting					
Urban	103741 (50.6%)	105094 (50.2%)	113439 (50.4%)	103982 (50.0%)	103639 (50.0%)
Rural	101191 (49.4%)	104073 (49.8%)	111774 (49.6%)	104154 (50.0%)	103515 (50.0%)
Age (years)	12.5 (3.4)	12.5 (3.5)	12.5 (3.5)	12.5 (3.5)	12.5 (3.4)
Height (cm)					
Urban	149.8 (16.2)	150.5 (16.4)	151.4 (16.1)	152.2 (15.9)	153.0 (15.7)
Rural	146.4 (16.5)	147.1 (16.6)	148.4 (16.4)	149.5 (16.2)	150.9 (16.1)
Total	148.1 (16.4)	148.8 (16.6)	149.9 (16.3)	150.8 (16.1)	151.9 (15.9)
Difference	3.5 (0.07)	3.4 (0.07)	2.9 (0.07)	2.6 (0.07)	2.2 (0.07)

续表 5-3

	1995	2000	2005	2010	2014
Weight (kg)					
Urban	41.1 (13.6)	42.7 (14.6)	43.9 (14.8)	44.9 (14.9)	46.5 (15.5)
Rural	38.4 (13.1)	39.2 (13.6)	40.6 (13.6)	42.0 (14.0)	44.0 (14.7)
Total	39.8 (13.4)	41.0 (14.2)	42.2 (14.3)	43.4 (14.6)	45.2 (15.2)
Difference	2.7 (0.06)	3.5 (0.06)	3.3 (0.06)	2.9 (0.06)	2.5 (0.07)
BMI (kg/m^2)					
Urban	17.7 (3.0)	18.3 (3.4)	18.6 (3.4)	18.8 (3.5)	19.3 (3.7)
Rural	17.3 (2.8)	17.5 (3.1)	17.8 (3.0)	18.2 (3.2)	18.8 (3.4)
Total	17.5 (2.9)	17.9 (3.3)	18.2 (3.3)	18.5 (3.4)	19.0 (3.6)
Difference	0.4 (0.01)	0.8 (0.01)	0.8 (0.01)	0.6 (0.01)	0.5 (0.02)
Stunting prevalence					
Urban	4.2% (4.0-4.3)	3.4% (3.3-3.5)	2.6% (2.5-2.7)	2.1% (2.0-2.2)	1.5% (1.4-1.6)
Rural	12.1% (11.9-12.3)	9.5% (9.4-9.7)	7.2% (7.1-7.4)	5.1% (5.0-5.3)	3.4% (3.3-3.5)
Total	8.1% (8.0-8.2)	6.5% (6.3-6.6)	4.9% (4.8-5.0)	3.6% (3.5-3.7)	2.4% (2.4-2.5)

续表 5-3

	1995	2000	2005	2010	2014
Prevalence OR*	3.26 (3.14-3.38)	3.06 (2.94-3.19)	2.89 (2.77-3.02)	2.55 (2.43-2.69)	2.36 (2.22-2.51)
Thinness prevalence					
Urban	7.4% (7.2-7.5)	6.3% (6.2-6.5)	5.4% (5.3-5.6)	4.8% (4.7-4.9)	3.9% (3.8-4.0)
Rural	7.6% (7.4-7.7)	8.0% (7.8-8.1)	7.2% (7.0-7.3)	5.8% (5.6-5.9)	4.3% (4.2-4.4)
Total	7.5% (7.4-7.6)	7.1% (7.0-7.2)	6.3% (6.2-6.4)	5.3% (5.2-5.4)	4.1% (4.0-4.2)
Prevalence OR*	1.03 (1.00-1.06)	1.29 (1.25-1.33)	1.34 (1.30-1.39)	1.21 (1.17-1.26)	1.12 (1.07-1.17)
Overweight and obesity prevalence					
Urban	7.6% (7.5-7.8)	13.3% (13.1-13.5)	16.7% (16.5-16.9)	19.3% (19.0-19.5)	23.5% (23.3-23.8)
Rural	2.8% (2.7-2.9)	5.5% (5.4-5.7)	8.3% (8.2-8.5)	12.0% (11.8-12.2)	17.5% (17.3-17.8)
Total	5.3% (5.2-5.4)	9.4% (9.3-9.6)	12.5% (12.4-12.7)	15.6% (15.5-15.8)	20.5% (20.4-20.7)
Prevalance OR†	2.93 (2.80-3.06)	2.72 (2.64-2.81)	2.27 (2.21-2.33)	1.80 (1.76-1.85)	1.47 (1.44-1.51)

续表 5-3

	1995	2000	2005	2010	2014
Urbanisation ratio‡	29.0%	36.2%	43.0%	50.0%	54.8%
GDP per capita (US $) §	597	949	1696	4392	7591
Engel coefficient					
Urban	50.1%	39.4%	36.7%	35.7%	37.1%
Rural	58.6%	49.1%	45.5%	41.1%	41.0%

Data are n, n (%), mean (SD), prevalence (95% CI), or OR (95% CI), unless otherwise indicated. OR = odds ratio. GDP = gross domestic product.
* Prevalence OR of rural vs urban. †Prevalence OR of urban vs rural. ‡Urbanisation ratio is usually expressed as the percentage of the permanent population of the city and town resident aggregation area in the total recorded population in a region. § GDP per capita is total GDP ÷ total population.

资料来源：Dong Y, Jan C, Ma Y, et al. "Economic Development and the Nutritional Status of Chinese School-aged Children and Adolescents from 1995 to 2014: An Analysis of Five Successive National Surveys," *The Lancet Diabetes & Endocrinology*, 2019, 7 (4), pp. 288–299。

研究者表示，对中国儿童青少年超重与肥胖显著增加的形势感到担忧。在目前经济快速增长和城市化发展的背景下，亟需采取主动策略，进一步改善儿童青少年饮食质量和食物多样性，提供科学的饮食指导，进一步强化对儿童青少年体力活动等重要生活方式的改善。研究认为，需要进一步采取应对策略和措施，例如对含糖量较高的食品和饮料征税，在促进饮食多样性方面提供补贴，以及促进体育锻炼和健康教育等策略和措施。此外，随着社会经济的发展，城乡之间的差异进一步缩小，如果不加以针对性控制，未来，农村儿童青少年超重与肥胖的快速增长将给国家慢性非传染性疾病防控及医疗负担带来巨大压力。

对此研究，美国哈佛大学公共卫生学院林赛·杰克斯博士发表评论："这些结果并不是要求放缓经济增长，而是要求更公平和可持续的经济增长。促进更健康的行为模式、加强对食品行业监管，实施这些政策应该是中国和其他努力终结营养不良国家的优先事项。"

（二）案例分析

围绕"我国中小学生超重与肥胖现状"设置案例讨论题目。通过讨论，让学生了解我国儿童青少年超重与肥胖的现状及影响因素（尤其是社会决定因素、行为生活方式因素）、超重与肥胖对儿童青少年生长发育的危害以及可行的防控措施。

随着儿童的膳食结构、身体活动和生活方式的变化，超重与肥胖愈加普遍。1985—2014 年，全国学生体质与健康状况调查结果显示，青少年超重与肥胖的患病率急剧上升，男性患病率从 0.92% 上升到 23.34%，女性患病率从 1.23% 上升到 13.02%。2021 年开展的中国 0～18 岁儿童营养与健康系统调查与应用结果显示，我国 6～18 岁儿童的超重与肥胖率为 26.5%，高于 2015 年中国居民营养与健康监测的 19.0%，更明显高于 2012 年的16.0%。我国中小学生的超重与肥胖率表现出明显的城乡差距和地域特征，表现如：城市高、农村低，从西南到东北逐渐增高，且部分地区出现肥胖率高于超重率。虽然城市儿童超重与肥胖率高，但农村儿童超重与肥胖增长速度更快。该调查的结果同时显示，城市男生、城市女生、乡村男生、乡村女生超重检出率，分别由1985年的1.13%、1.37%、0.42%、1.53%，增长到2014年的17.10%、10.61%、12.58%、8.30%。目前，控制超重与肥胖已成为《健康儿童行动计划（2018—2020年》《"健康中国2030"规划纲要》的行动目标之一。

（1）超重与肥胖对儿童青少年的成长有哪些影响？

在全生命周期视角下，儿童青少年过早肥胖对个人和社会都会产生重大的疾病和经济负担。

肥胖已被称作众多慢性疾病的"共同土壤"。2009年，中国健康与营养调查数据显示发现，42%的7～17岁儿童青少年至少有一种心血管代谢危险因素，包括糖尿病前期/糖尿病、高血压、高总胆固醇血症、高甘油三酯血症、高低密度脂蛋白胆固醇血症、低高密度脂蛋白胆固醇血症及高C反应蛋白水平。与儿童青少年时期不肥胖的孩子相比，儿童青少年时期肥胖的孩子在儿童时期患哮喘和认知障碍的风险更高，在以后的生活中患肥胖症的比例约为50%。同时，这些儿童青少年发生糖尿病、心脏病、癌症、呼吸系统疾病、精神健康问题和生殖障碍等的风险均会更高。

虽然肥胖导致短期增加的经济成本可能相对较小，但肥胖及其相关的非传染性慢性病的早期发病，会对一个人一生的教育和劳动力造成损害，并给卫生保健系统、用人单位和整个社会带来重大的长期负担。儿童青少年肥胖率的迅速上升以及随之而来的疾病和残疾负担的日益加重，将产生严重的社会和经济后果，导致卫生服务成本的上升并制约经济增长。

（2）社会决定因素可能会如何影响儿童青少年超重与肥胖的发生发展？

根据在线刊物《唐尼肥胖报告》（Downey Obesity Report）2017年的整理结果，现在已有104种基于经同行评议研究报道的导致肥胖的单独因素。[①] 但与此同时，已经有越来越多的研究和观点认为，儿童青少年肥胖并不是由儿童青少年自己选择的生活方式上的单一因素引起的，而是产生于由社会体系创造和政府政策支持的环境。

儿童青少年肥胖不仅会受到微观的个体在孕育、出生和成长的各个时期环境中的生物、行为等因素的驱动，还会受到宏观的社区人群、地区社会、国家及全球各时代更加广泛的自然及社会经济因素的影响，诸如城乡差异、社会人口结构、文化、营养知识及健康食品的可获得性和可负担性，向儿童和家庭推销食品和饮料的不当做法，缺乏教育以及在日益城市化和信息化的世界中明显减少的身体活动机会，社会主流心理观念中饮食和运动行为及身体形象相关的文化规范及自然地理环境等因素的影响。我国中小学生普遍存在的身体活动不足、静坐时间及观看屏幕时间过长，成为超重与肥胖等多种疾病的重要危险因素。在工业化社会中，健康素养与食品工业、营销媒体及交通运输的快速现代化之间的不平衡，促进了更高能量密度食物的摄入和静态生活方式的形成。

（3）根据以上谈及的社会决定因素，有哪些可行的防控措施可用于儿童青少年超重与肥胖的预防？

第一，推进政策法规的实施与落地。落实相关政策法规，逐步推进立法；加强政策实施过程中的科学管理，组织不同层面的

---

① 参见郭春雷、王惠君、张兵《儿童青少年肥胖研究进展》，载《卫生研究》2020年第3期，第516－522、526页。

交流，研究政策措施关键点，探讨成本-效益的关系；加强针对儿童的食品营销管理，在校园及儿童活动的场所提供均衡膳食和充足饮水；为社区和学校配备适宜的儿童运动设施和设备；加强学校供餐指导，以政策指南为基础，采取信息化手段，做到合理供餐；促进学校供餐需求与农村产业发展精准对接，保证鱼禽肉蛋和新鲜蔬菜的供应，在满足儿童健康需求的同时，带动农民增收和经济发展；强化儿童营养健康科学研究和监测评估，了解不同地区和时间的儿童营养健康特点及其影响因素，科学评价各项政策措施的实施效果。

第二，多部门联手，多系统参与，落实对儿童、家长、学校、全社会的营养、健康生活方式教育。针对不同年龄儿童的特点，健全相应肥胖防控要点的资源体系，开展师资培训；将肥胖防控的健康知识和技能逐步融入学校的日常教学，开设系统健康教育课程；组织形式多样的健康教育活动，营造全社会的良好生活方式氛围。

第三，广泛动员家庭参与。加强家长的健康理念和技能，落实家长责任，为儿童提供均衡膳食、足量饮用水和运动条件，以身作则，培养儿童合理饮食行为和积极锻炼身体习惯；在农村义务教育学生营养改善计划实施过程中，完善国家与地方、家庭与社会共同承担餐费的机制，保障儿童健康。

第四，赋能儿童，做自己健康的小主人。通过多种途径使儿童树立"健康第一"的理念，自觉做到均衡膳食、积极运动，保持健康生活方式。

参考文献

[1] 卫生部办公厅. 儿童喂养与营养指导技术规范[J]. 中国儿童保健杂志，2012，20（8）：763-766.

[2] 付连国，马军，王海俊，等. 中国儿童青少年饮食行

为对身高影响的多水平分析[J]. 北京大学学报（医学版），2013，45（3）：370-375.

[3] 高迪，董彦会，尹杨，等. 中国2005—2014年中小学生身高体重变化趋势分析[J]. 中国学校卫生，2018，39（2）：252-255，259.

[4] 黎海芪. 实用儿童保健学[M]. 北京：人民卫生出版社，2016.

[5] 张倩，杨振宇，李瑞莉，等. 中国0～18岁儿童营养与健康系统调查与应用：6～18岁儿童调查方案[J]. 卫生研究，2022，51（5）：703-706.

[6] 张倩. 中国中小学生营养与健康改善十年回顾与展望[J]. 卫生研究，2022，51（5）：696-699.

[7] 中国学生体质与健康调研组. 2014年中国学生体质与健康调研报[M]. 北京：高等教育出版社，2016.

[8] DONG Y, JAN C, MA Y, et al. Economic development and the nutritional status of Chinese school-aged children and adolescents from 1995 to 2014: an analysis of five successive national surveys [J]. The Lancet Diabetes & Endocrinology, 2019, 7 (4): 288-299.

[9] LIU H, RIZZO J A, FANG H. Urban-rural disparities in child nutrition-related health outcomes in China: the role of hukou policy [J]. BMC Public Health, 2015, 15: 1159.

[10] MOORE T G, AREFADIB N, DEERY A, et al. The First Thousand Days: An Evidence Paper-Summary [M]. Parkville, Victoria: Centre for Community Child Health, Murdoch Children's Research Institute, 2017.

[11] RODRIGUEZ-MARTINEZ A, ZHOU B, SOPHIEA M K, et al. Height and body-mass index trajectories of school-aged children

and adolescents from 1985 to 2019 in 200 countries and territories: a pooled analysis of 2181 population-based studies with 65 million participants [J]. The Lancet, 2020, 396 (10261): 1511 – 1524.

［12］SONG Y, MA J, WANG H-J, et al. Secular trends of obesity prevalence in Chinese children from 1985 to 2010: urban-rural disparity [J]. Obesity, 2015, 23 (2): 448 – 453.

（陈亚军）

第六章　生长发育调查与评价

第一节　课程思政教学设计

一、案例教学适用范围

本案例适用于"儿童少年卫生学"本科生和研究生课程中生长发育调查与评价相关章节的教学。

二、课程教学目标

1. **知识目标**

（1）了解生长发育调查设计、生长发育测量技术、生长发育调查质量控制和伦理学原则。

（2）了解生长发育评价的内容和参考标准。

2. **能力目标**

（1）通过案例分析，让学生理解不同生长发育调查方法的特点和应用范围，并根据调查结果选择合适标准评估儿童生长发育状况。

（2）通过案例分析，让学生理解生长发育调查、生长发育评价对儿童青少年健康的意义，提高学生的科学思维能力，让学生充分意识到儿童青少年的社会脆弱性和健康易损性。

3．价值目标

（1）通过小组案例分析的教学活动，增强学生的创新思维、辩证思维，不断提高学生的团队合作能力和自主探索能力。

（2）通过案例教学，让学生了解生长发育调查研究的重要性，鼓励学生在实践中探索，一切从实际出发，尊重客观事实，培养学生实事求是、求真务实的优良作风。

三、教学方法

本章课程适宜采用翻转课堂教学。学生提前自学慕课和讨论案例，线下理论课程授课可充分结合教师讲授、学生听课、小组案例分析等授课形式。教师提出讨论问题，将课程教学的知识目标、能力目标和价值目标融入案例分析。

第二节　课程思政案例及分析

一、全国学生体质与健康调研工作

（一）案例内容

1. 回顾我国学生体质与健康调研工作历程

"青年强则国强"，青少年群体的体质与健康对个人成长、实现个人全面发展具有重要作用，对国家经济建设、文化发展和国家未来繁荣具有强大促进作用。学生体质与健康调研是一项与学生健康成长密切相关的基础研究工作，是学校体育、卫生与健康教育工作的重要内容。开展该调研的主要目的是为全面掌握我国学生体质与健康现状和变化发展趋势，指导各地学校全面落实和贯彻新时代党的教育方针，科学开展学校体育、学校卫生与健康教育工作，助力教育强国、体育强国和健康中国建设。该调研工作自1979年开始，分别于1985年、1991年、1995年、2000年、2005年、2010年、2014年、2019年，开展了第二至第九次全国学生体质与健康调研工作。历次调研都对了解和改善学生体质水平、提高国民健康状况具有重要意义。

中国政府组织进行的学生体质与健康调研，大致可分为两个阶段：一是1979—1985年的起步阶段；二是1985—2019年的发展阶段（见表6-1）。

表6-1 中国学生体质与健康调研工作基本情况（1979—2019年）

年份	组织部委	范围（省、自治区、直辖市数）/个	民族数/个	人数/万人	学校数/所	指标/项
1979	国家体委、教育部、卫生部（三部委）	16	1	20	1210	23
1985	国家教委、国家体委、卫生部、国家民委（四部委）	29	28	98	2188	28
1991	国家教委、国家体委、卫生部、国家民委、国家科委（五部委）	30	17	24	400	26
1995	国家教委、国家体委、卫生部、国家民委、国家科委（五部委）	30	21	31	1800	24

续表 6-1

年份	组织部委	范围（省、自治区、直辖市数）/个	民族数/个	人数/万人	学校数/所	指标/项
2000	教育部、国家体育总局、卫生部、国家民委、科技部（五部委）	31	21	34	1947	22
2005	教育部、国家体育总局、卫生部、国家民委、科技部（五部委）	31	25	38	1320	24
2010	教育部、国家体育总局、卫生部、国家民委、科技部、财政部（六部委）	31	27	34	995	24
2014	教育部、国家体育总局、卫生部、国家民委、科技部、财政部（六部委）	31	27	34	1137	24
2019	教育部、国家体育总局、卫生部、国家民委、科技部、财政部（六部委）	31	—	37	1258	24

资料来源：刘亚鲁、赵平花《中国学生体质与健康调研工作回顾》，载《体育科技文献通报》2019 年第 11 期，第 165-167 页。

（1）起步阶段：在中华人民共和国成立初期，受各方面因素的影响与制约，我国学生群体的体质与健康调研工作仅局限于某些区域且所涉内容较简单。1979 年，我国开展"中国青少年儿童身体形态、机能、素质调查研究"课题，国家体育委员会、教育部和卫生部在 16 个省会城市组织了约 20 万名学生的体质与健康状况调查研究工作（该项调查仅限于汉族学生）。这是为以后进行全国性的、大范围的学生体质与健康调研所做的一个勇敢的尝试与摸索。此后，对儿童青少年体质与健康的研究，越来越得到政府有关部门、学校和社会的广泛重视。1981年11月，中国体育科学协会体育健身研究分会正式宣布成立。这表明中国的体质与健康研究不再依赖于其他学科，可以自我独立发展，并在中国体育科学相关研究中占据一席之地。

（2）发展阶段：改革开放带来我国经济发展的春天。在满足基本生活要求的基础上，人们的思想发生变化，越来越注重健康。20世纪80年代后，我国教育事业及学校体育卫生工作有了较大发展，学生体质与健康调研工作也越来越受到重视。既往调查仅限于汉族学生的体质健康状况，而尚未调查少数民族学生的体质与健康水平。怎样才能将此项调研工作进行得更具有制度化与规范化？在此基础上，按照统一的计划、要求与方法，经过1983年的准备、1984年的预调查，国家教委、国家体委，国家民委和卫生部于1985年3月28日至6月在29个省、自治区（西藏除外）、直辖市，针对7～22岁汉族和14个省、自治区内27个少数民族的学生进行了总人数超过10万人的正式检测。1985年，全国学生体质与健康调研工作的顺利完成，成为中国学生体质与健康研究进展的里程碑，标志着我国学生体质与健康研究工作实现了质的飞跃，进入新的发展阶段。

1985年，我国学生体质与健康调研工作取得的巨大成果，得到国务院有关领导的充分肯定。在征求有关部门意见后，国务院于1986年正式批准在国内创建学生体质与健康调研制度。学生体质与健康监测与调研制度获得批准后，国家教委、卫生部、国家民委、国家体委和国家科委，对1985年的工作进行了全面审查和总结。1991年，根据全国学生体质与健康研究体系统一工作计划和要求，依托原有工作依据，在较少财力支出基础上，上述五部委组织实施了对30个省会城市及其城郊农村学生的体质与健康调研，成功掌握了近五年全国大、中、小学生群体的体质健康状态和成长发育特点。1991—2005年，在上述五部委的领导与组织下，于1991年、1995年、2000年、2005年顺利开展了四次全国学生体质与健康调研工作。这四次体质与健康调研，对我国相关政府部门制定"九五""十五""十一五"时期学校体育及卫生等方面的事业发展规划，具有重要借鉴意义。

2. 第八次全国学生体质与健康调研

2019年，第八次全国学生体质与健康调研按照分层整群随机抽样调查方法，在全国31个省（区、市）和新疆生产建设兵团的93个地市1258所学校进行调研。本次调研学生374257人，覆盖全日制普通中小学、普通高等学校学生。调研内容包括身体形态、生理机能、身体素质、健康状况四个方面24项指标。调研形式包括检测项目与问卷调查。调研实施过程中，先进行体检项目，再进行体测项目。对体检样本中的小学四年级以上学生再进行问卷调查。被调研学生按城、乡、男、女分四类，每周岁一个年龄组。调研结果如下：

（1）我国学生体质与健康状况总体改善，主要表现在五个方面。

第一，体质健康达标优良率逐渐上升。2019年，全国6～22岁学生体质健康达标优良率为23.8%，优良率较高的地区为东部经济发达地区和沿海地区。自2014年教育部颁布实施《国家学生体质健康标准》以来，我国学生体质健康达标优良率总体呈上升趋势。13～22岁年龄段学生体质健康达标优良率从2014年的14.8%上升到2019年的17.7%，上升了2.9个百分点。13～15岁、16～18岁、19～22岁学生体质健康达标优良率分别上升5.1、1.8和0.2个百分点，初中生优良率上升最为明显。

第二，学生身高、体重、胸围等形态发育指标持续向好。各年龄组男女身高、体重、胸围指标，均继续呈现上升趋势。与2014年相比，2019年全国7～9岁、10～12岁、13～15岁、16～18岁和19～22岁男生身高，分别增加0.52 cm、1.26 cm、1.69 cm、0.95 cm和0.81 cm，体重分别增加0.61 kg、1.73 kg、2.52 kg、2.52 kg和2.86 kg，胸围分别增加0.53 cm、1.01 cm、0.99 cm、0.82 cm和1.54 cm。上述各年龄段女生身高分别增加0.72 cm、1.24 cm、0.97 cm、0.80 cm和0.62 cm，体重分别增加0.70 kg、1.64 kg、2.28 kg、1.99 kg和1.67 kg，胸围分别增加0.52 cm、1.03 cm、1.38 cm、0.95 cm和0.83 cm。

第三，学生肺活量水平全面上升。肺活量显示人的心肺功能，肺活量大的儿童，身体供氧能力更强。近10年来，全国学生肺活量持续增加，初中生增长最为明显。与2014年相比，2019年全国7～9岁、10～12岁、13～15岁、16～18岁和19～22岁男生的肺活量分别增加82.5 mL、153.6 mL、209.7 mL、161.2 mL和92.3 mL，各年龄段女生的肺活量分别增加105.3 mL、166.0 mL、187.2 mL、147.0 mL和102.2 mL。

第四，中小学生的柔韧、力量、速度和耐力等素质总体出现好转。小学生和初中生的柔韧素质、力量素质改善较其他年龄段明显。与2014年相比，2019年各年龄段女生1分钟仰卧起坐成绩分别增加1.9个、1.9个、1.8个、1.6个和1.0个；7～12岁男生斜身引体增加0.7个。中学生的速度素质和耐力素质有所改善。与2014年数据相比，2019年全国13～15岁、16～18岁男女中学生50米跑成绩均有所提升，分别提高0.09秒和0.01秒；13～15岁女生800米跑成绩提高4.49秒，13～15岁男生1000米跑成绩提高6.50秒。

第五，学生营养不良状况持续改善。2019年，我国6～22岁学生营养不良率为10.2%。近10年来，各年龄段男女生营养不良状况持续改善。与2014年相比，2019年全国7～9岁、

10~12岁、13~15岁、16~18岁和19~22岁学生营养不良率分别下降2.1、1.6、2.4、2.6和2.3个百分点。

（2）促进学生体质与健康水平提高的主要因素有四点。

第一，经济社会发展水平激发学生生长潜能。随着经济社会发展，人民生活水平提高，影响学生生长发育的疾病得到有效预防和控制，身体形态指标和营养不良状况持续改善，从营养不良向营养过剩转变。

第二，政策措施牵引带动，学生体质与健康水平不断提升。①校园足球等体育特色学校的建设增强学生体质与促进学生健康。从2015年开始，教育部在全国广泛开展体育特色学校建设。这对增强学生体质与促进学生健康起到积极作用。校园足球体育特色学校学生体质健康达标优良率为29.2%，高于非校园足球体育特色学校的22.3%。②中考体育的强化增加中学生体育活动时间。近年来，随着中考体育考试分值的提高，中学生尤其是初三学生体育活动时间显著增加。初三学生在校体育锻炼1小时比率为42.7%，高于高一学生的30.6%。初三学生的体质健康达标优良率为29.2%，高于高一学生的22.6%。

第三，家校协同提高学生体质与健康水平。家庭和学校的教育与引导，对提高学生健康素养起着至关重要的作用。得到父母支持的孩子体质健康达标优良率，高于没有得到父母支持的孩子。学校体育锻炼安排和用眼卫生指导等也至关重要。每周体育与健康课时长达标的学校，学生体质健康达标优良率显著高于其他学校。每天安排2次以上眼保健操的学校，学生近视风险低于其他学校。

第四，学生健康意识和生活方式改善体质健康状况。学生保证每天足量的体育锻炼和睡眠时间等，对增强身体素质、预防超重肥胖和近视发生有积极影响。每天能够保证1小时以上在校体育锻炼时间的学生体质健康达标优良率为27.4%，显著高于体育锻炼时间不足的学生的 17.7%。每天睡眠充足学生的近视率为 47.8%，显著低于睡眠不足的学生的近视率（67.8%）。

（二）案例分析

以第八次全国学生体质与健康调研为案例，围绕"生长发育调查设计、生长发育测量技术、生长发育调查质量控制和伦理学原则"设置讨论题目。通过案例分析，让学生了解生长发育调查在全面评估儿童少年生长发育水平中的重要作用，掌握不同生长发育调查设计的特点，熟悉测量指标选择的科学性及生长发育调查的质量控制措施。同时，通过案例分析前和分析后对生长发育调查目的的信息介绍，让学生体会科学研究服务国家和社会经济发展需要的重要意义，培养学生的务实精神、科学思维和社会责任感。

（1）第八次全国学生体质与健康调研采用了何种研究设计？

第八次全国学生体质与健康调研采用了横断面设计。横断面设计指在某一段时间段内，选择特定的地区、有代表性的对象即不同年龄阶段的儿童少年，针对特定的指标，进行一次性的群体大规模的调查。横断面调查一般耗资较少，可以在短期内获得大量的数据资料，相对容易实施，是生长发育调查的最主要方法之一。

（2）调研内容包括什么？指标选取应依据什么原则？

1）调研内容包括身体形态、生理功能、运动能力、健康状况四个方面的 24 项指标。

2）选取指标的原则：①根据体质的基本概念所包含的形态、功能、素质等方面，选择最有代表性且易于掌握、操作的指标；②根据学生中最常见的几种疾病，确定健康指标；③兼顾国际共识及与其他国家学生体质健康测试指标的可比性；④根据学生主要的健康问题及其危险因素和保护因素确定问卷调查内容和指标。

（3）如何进行质量控制？

1）加强领导，协调推进。全国学生体质与健康调研由教育部牵头并统筹，会同国家卫生健康委等相关部门建立专门的协调小组，指导和协调调研工作，各省（自治区和直辖市）也参照国家级规制建立相应组织机构，负责组建检测队，开展本地调研工作。

2）专家把关，科学实施。教育部聘请体育、卫生领域专家组成中国学生体质与健康调研组，在北京大学儿童青少年卫生研究所成立中国学生体质健康监测中心，科学把关调研工作的方案设计、检测人员培训、现场质量监控、数据验收整理、结果分析研究等重点环节。

3）严格培训，统一方案。调研开始前，教育部组织中国学生体质与健康调研组专家编制了《2019年全国学生体质与健康调研工作实施方案》，举办了国家级培训班，各省（自治区、直辖市）均开展了省级培训。培训内容包括调研的组织管理、检测方法、质量控制和数据录入等。各省（自治区、直辖市）按照《2019年全国学生体质与健康调研工作实施方案》要求，统一组建检测队、统一检测方法、统一检测仪器，开展本地区检测工作。检测队在历次调研检测队伍的基础上，依托现有学校体育、卫生专业机构组建，检测人员由体育、卫生专业技术人员组成，新补充的检测人员必须接受培训并考核合格才能上岗。

4）现场复测，严格质控。调研的数据采集实施严格的质量控制，按照检查验收细则，每天随机抽取3%的样本，进行现场复测。采用教育部教育管理信息中心编制的软件进行数据录入，并在录入环节进行初步的逻辑检验，保证采集的数据真实可靠。

二、中国 0～18 岁儿童青少年身高、体重的标准化生长曲线

（一）案例内容

儿童体格发育反映了儿童营养和健康状况，是衡量一个国家和地区经济社会发展水平的重要标志。开展连续的儿童体格发育调查，不仅能客观地记录不同历史时期的儿童体格发育状况，还可以研究社会发展进程中儿童体格发育的影响因素，以便有针对性地制订政策措施，更好地促进儿童健康成长。

1975 年，在卫生部领导下，由中国医学科学院儿科研究所（现为首都儿科研究所）牵头，成立了九市儿童体格发育调查协作组，对北京、哈尔滨、西安等 9 个城市及其郊区农村的儿童进行体格发育调查。这是中华人民共和国成立后，也是中国历史上第一次大规模、具有国家代表性的儿童体格发育调查，获得了我国第一份比较系统、完整的儿童生长发育基础数据，为儿童保健、临床、教学、科研等工作提供了重要的参考资料。此后，我国每隔十年进行一次定时间、定地点、定人群的大样本连续性体格发育专项调查。历时 40 年的 5 次调查，见证了我国改革开放以来经济社会的快速发展，体现了党和政府以人为本、关注儿童健康的执政理念，向国际社会展示了我国深化医改、护佑民生、改善儿童健康状况取得的成绩。

2005 年，国家研究制定了中国 0～18 岁儿童青少年身高、体重的标准化生长曲线。该标准采用"2005 年中国九市 7 岁以下儿童体格发育调查"及"2005 年全国学生体质与健康调研"中 9 省市 94302 名 0～19 岁城区健康儿童青少年的身高（3 岁以下测量身长）、体重测量数据，应用 LMS 方法对数据进行拟合修

匀，获得所需要的百分位和标准差单位（Z 分值）数值并绘制相应的曲线图。制定出 0～18 岁男、女儿童各自年龄的体重、年龄的身高第 3、10、25、50、75、90、97 百分位及 -3、-2、-1、0、+1、+2、+3 倍标准差（SD）单位曲线图。结果以 WHO 标准生长曲线（如图 6-1 至图 6-4 所示）以及中华人民共和国 6～18 岁学龄儿童青少年超重与肥胖和营养不良筛查界值（见表 6-2 至表 6-4）为例。

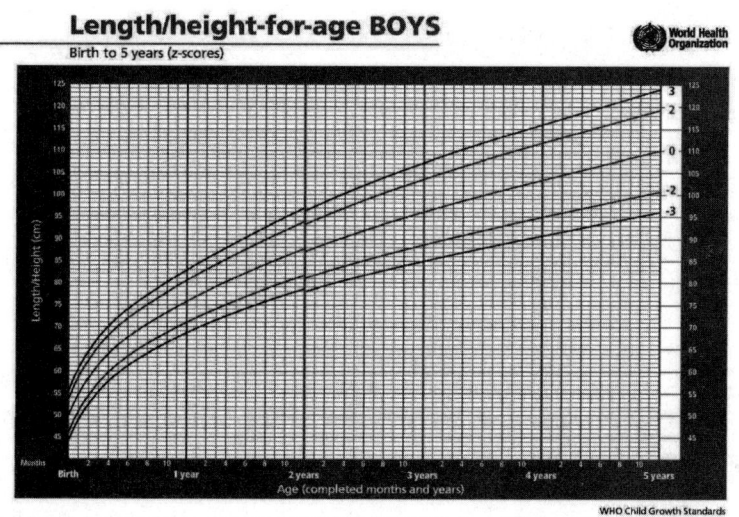

图 6-1　0～5 岁男童身高标准化生长曲线

［资料来源：WHO. "Boys Chart-Length/Height for Age: Birth to 5 Years (Z-Scores),"https://cdn.who.int/media/docs/default-source/child-growth/child-growth-standards/indicators/length-height-for-age/cht-lhfa-boys-z-0-5.pdf?sfvrsn=a839cd27_10］

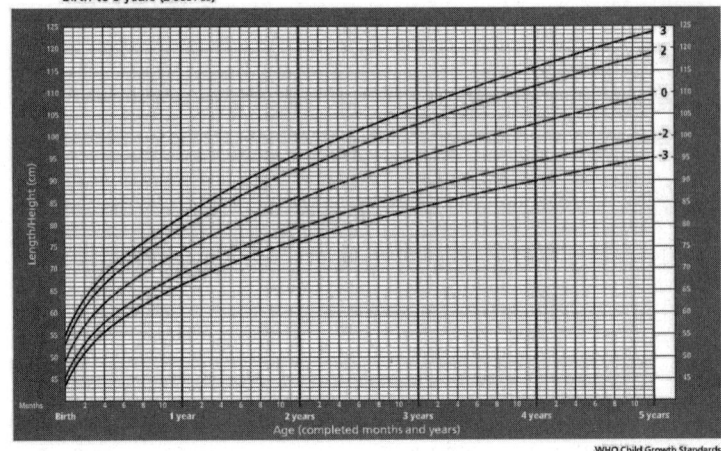

图6-2　0~5岁女童身高标准化生长曲线

［资料来源：WHO. "Girls Chart-Length/Height for Age：Birth to 5 Years（Z-scores），" https：//cdn. who. int/media/docs/default－source/child－growth/child－growth－standards/indicators/length－height－for－age/cht－lhfa－girls－z－0－5. pdf?sfvrsn＝252d03a5_ 14］

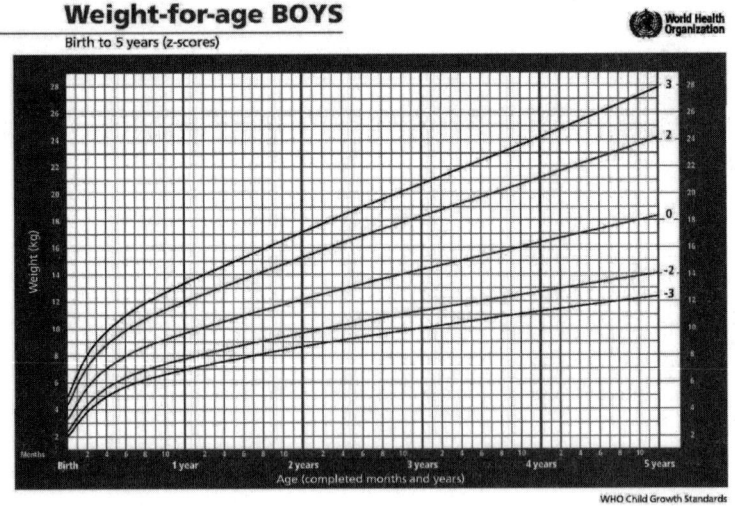

图6-3　0~5岁男童体重标准化生长曲线

［资料来源：WHO. "Boys Chart-Weight-for Age：Birth to 5 Years（Z-scores），" https：//cdn. who. int/media/docs/default－source/child－growth/child－growth－standards/indicators/weight－for－age/cht－wfa－boys－z－0－5. pdf?sfvrsn＝9d3adc06_ 12］

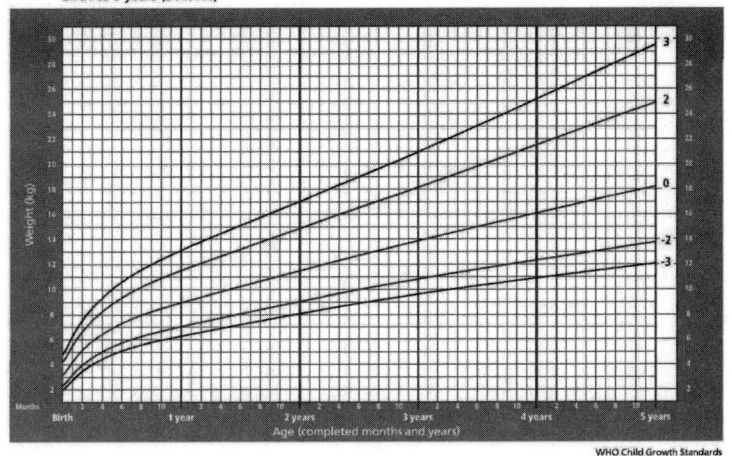

图 6-4　0～5 岁女童体重标准化生长曲线

［资料来源：WHO. "Girls Chart-Weight-for Age：Birth to 5 Years（Z-scores），" https://cdn. who. int/media/docs/default – source/child – growth/child – growth – standards/indicators/weight – for – age/cht – wfa – girls – z – 0 – 5. pdf?sfvrsn = e113a2fa_ 10］

表 6-2　6～18 岁学龄儿童青少年性别年龄别 BMI 筛查超重与肥胖界值

单位：kg/m^2

年龄/岁	男生		女生	
	超重	肥胖	超重	肥胖
6.0～	16.4	17.7	16.2	17.5
6.5～	16.7	18.1	16.5	18.0
7.0～	17.0	18.7	16.8	18.5
7.5～	17.4	19.2	17.2	19.0
8.0～	17.8	19.7	17.6	19.4
8.5～	18.1	20.3	18.1	19.9
9.0～	18.5	20.8	18.5	20.4
9.5～	18.9	21.4	19.0	21.0

续表6-2

年龄/岁	男生		女生	
	超重	肥胖	超重	肥胖
10.0~	19.2	21.9	19.5	21.5
10.5~	19.6	22.5	20.0	22.1
11.0~	19.9	23.0	20.5	22.7
11.5~	20.3	23.6	21.1	23.3
12.0~	20.7	24.1	21.5	23.9
12.5~	21.0	24.7	21.9	24.5
13.0~	21.4	25.2	22.2	25.0
13.5~	21.9	25.7	22.6	25.6
14.0~	22.3	26.1	22.8	25.9
14.5~	22.6	26.4	23.0	26.3
15.0~	22.9	26.6	23.2	26.6
15.5~	23.1	26.9	23.4	26.9
16.0~	23.3	27.1	23.6	27.1
16.5~	23.5	27.4	23.7	27.4
17.0~	23.7	27.6	23.8	27.6
17.5~	23.8	27.8	23.9	27.8
18.0~	24.0	28.0	24.0	28.0

资料来源：北京大学儿童青少年卫生研究所、中国疾病预防控制中心营养与健康所、中国疾病预防控制中心妇幼保健中心《学龄儿童青少年超重与肥胖筛查》，2018。

表6-3 6~18岁男女学龄儿童青少年分年龄BMI筛查消瘦界值范围

单位：kg/m^2

年龄/岁	男生		女生	
	中重度消瘦	轻度消瘦	中重度消瘦	轻度消瘦
6.0~	≤13.2	13.3~13.4	≤12.8	12.9~13.1

续表6-3

年龄/岁	男生		女生	
	中重度消瘦	轻度消瘦	中重度消瘦	轻度消瘦
6.5~	≤13.4	13.5~13.8	≤12.9	13.0~13.3
7.0~	≤13.5	13.6~13.9	≤13.0	13.1~13.4
7.5~	≤13.5	13.6~13.9	≤13.0	13.1~13.5
8.0~	≤13.6	13.7~14.0	≤13.1	13.2~13.6
8.5~	≤13.6	13.7~14.0	≤13.1	13.2~13.7
9.0~	≤13.7	13.8~14.1	≤13.2	13.3~13.8
9.5~	≤13.8	13.9~14.2	≤13.2	13.3~13.9
10.0~	≤13.9	14.0~14.4	≤13.3	13.4~14.0
10.5~	≤14.0	14.1~14.6	≤13.4	13.5~14.1
11.0~	≤14.2	14.3~14.9	≤13.7	13.8~14.3
11.5~	≤14.3	14.4~15.1	≤13.9	14.0~14.5
12.0~	≤14.4	14.5~15.4	≤14.1	14.2~14.7
12.5~	≤14.5	14.6~15.6	≤14.3	14.4~14.9
13.0~	≤14.8	14.9~15.9	≤14.6	14.7~15.3
13.5~	≤15.0	15.1~16.1	≤14.9	15.0~15.6
14.0~	≤15.3	15.4~16.4	≤15.3	15.4~16.0
14.5~	≤15.5	15.6~16.7	≤15.7	15.8~16.3
15.0~	≤15.8	15.9~16.9	≤16.0	16.1~16.6
15.5~	≤16.0	16.1~17.0	≤16.2	16.3~16.8
16.0~	≤16.2	16.3~17.3	≤16.4	16.5~17.0
16.5~	≤16.4	16.5~17.5	≤16.5	16.6~17.1
17.0~	≤16.6	16.7~17.7	≤16.6	16.7~17.2
17.5~18.0	≤16.8	16.9~17.9	≤16.7	16.8~17.3

资料来源：北京大学儿童青少年卫生研究所《学龄儿童青少年营养不良筛查》，2014。

表6-4 6～18岁男女学龄儿童青少年分年龄身高筛查生长迟缓界值范围

单位：cm

年龄/岁	男生	女生
6.0～	≤106.3	≤105.7
6.5～	≤109.5	≤108.0
7.0～	≤111.3	≤110.2
7.5～	≤112.8	≤111.8
8.0～	≤115.4	≤114.5
8.5～	≤117.6	≤116.8
9.0～	≤120.6	≤119.5
9.5～	≤123.0	≤121.7
10.0～	≤125.2	≤123.9
10.5～	≤127.0	≤125.7
11.0～	≤129.1	≤128.6
11.5～	≤130.8	≤131.0
12.0～	≤133.1	≤133.6
12.5～	≤134.9	≤135.7
13.0～	≤136.9	≤138.8
13.5～	≤138.6	≤141.4
14.0～	≤141.9	≤142.9
14.5～	≤144.7	≤144.1
15.0～	≤149.6	≤145.4
15.5～	≤153.6	≤146.5
16.0～	≤155.1	≤146.8
16.5～	≤156.4	≤147.0
17.0～	≤156.8	≤147.3
17.5～18.0	≤157.1	≤147.5

资料来源：北京大学儿童青少年卫生研究所《学龄儿童青少年营养不良筛查》，2014。

（二）案例分析

生长曲线图表是儿科实践中的基本工具之一，不仅用于帮助确定个体儿童的生长水平、营养状况及临床干预治疗效果，也作为流行病学工具判断公共卫生对群体儿童的营养和健康状况的影响，从而为卫生行政部门制定相关卫生政策提供依据。因此，许多国家都制定了适合自己国家和民族的儿童生长标准（参照值）和生长曲线。

近几十年来，我国积累了相当丰富的生长调查资料。其中，每隔十年一次的"九市七岁以下儿童体格发育调查"和每隔五年一次的"中国学生体质与健康调研"，不仅掌握了中国儿童生长发育的规律、特点和长期变化趋势，也为临床、保健及科研等工作提供了中国儿童的生长参照值。然而，这些生长数据通常是用实际观测值计算的均值、标准差和（或）百分位数的形式被制成数字表格供参照使用的，年龄分组较粗，也未经修匀平滑，使用起来不够方便、准确；除制定有北京、中国香港地区 0～18 岁的儿童生长曲线图以及九市七岁以下儿童的生长曲线外，缺少年龄完整（0～18 岁）、有国家代表性、经严格标准化的生长标准曲线，限制了生长监测在儿科、儿童青少年卫生保健领域中的广泛应用。

18 岁时，中国儿童生长基本结束，身高已达成年或近似成年身高。因此，我国儿童生长调查可截至 18 岁，而非像欧美国家的调查一样延续至 20 岁。儿童生长存在明显的种族、地区差异，其中亚洲人之间的差别较小，而亚洲人与欧美国家人群之间的差别较大。尤其在青春期开始后，亚洲人与欧美人生长的水平及方式各异。从本次制定的生长曲线可以看出，与欧美国家相比，中国儿童青春期提前，生长期相对短，成年身高矮于欧美人。因此，采用外国的标准评价中国人的生长是不适宜的，尤其在临床应用上，会导致一些错误的结论和解释。

马克思主义的活的灵魂，就在于具体分析具体的情况。结合我国国情实际，进行实际调查，在了解我国儿童生长发育生理特点的基础上，制定生长曲线作为生长发育评价标准和工具，深刻体现了马克思主义在我国科学研究中的灵活应用。

参考文献

［1］北京大学儿童青少年卫生研究所，中国疾病预防控制中心营养与健康所，中国疾病预防控制中心妇幼保健中心. 学龄儿童青少年超重与肥胖筛查［S］. 北京：国家卫生和计划生育委员会，2018.

［2］北京大学儿童青少年卫生研究所. 学龄儿童青少年营养不良筛查［S］. 北京：国家卫生和计划生育委员会，2014.

［3］李辉，季成叶，宗心南，等. 中国0～18岁儿童、青少年身高、体重的标准化生长曲线［J］. 中华儿科杂志，2009（7）：487-492.

［4］李辉，朱宗涵，张德英. 2005年中国九市七岁以下儿童体格发育调查［J］. 中华儿科杂志，2007，45（8）：609-614.

［5］刘亚鲁，赵平花. 中国学生体质与健康调研工作回顾［J］. 体育科技文献通报，2019，27（11）：165-167.

［6］马军. 第八次全国学生体质与健康调研精准科学实施及重要意义［J］. 中国学校卫生，2021，42（9）：1283-1284.

［7］WHO. Child growth standards［EB/OL］.［2022-07-08］. https://www.who.int/tools/child-growth-standards.

（朱艳娜）

第七章　儿童少年健康问题和健康促进策略

第一节 课程思政教学设计

一、案例教学适用范围

本案例适用于"儿童少年卫生学"本科生和研究生课程中儿童少年健康问题和健康促进策略的教学。

二、课程教学目标

1．知识目标

（1）掌握儿童少年健康维度和指标体系。

（2）阐述当前儿童少年主要健康问题及社会变革给儿童健康带来的新问题。

（3）阐述人体功能水平和慢性病危险因素的生命历程变化规律，说明在生命早期开展健康促进的重要意义。

2．能力目标

（1）通过课堂学习，让学生能用不同的维度和指标评价儿童少年的健康状况。

（2）通过案例分析，让学生能够掌握一系列健康促进重要策略在儿童少年人群中的运用方式。

3. 价值目标

（1）介绍道德健康，道德健康最主要包括不以损害他人利益来满足自己的需要，有辨别真伪、善恶、荣辱、美丑等是非观念，能按社会规范和行为准则约束、支配自己的行为，能为人类的幸福做贡献。让学生认识到通过虚心学习、积极思索、辨别善恶、学善戒恶，涵养良好的德性。通过反省检验，找出个体思想与行为中的不良倾向，并及时对其进行抑制和克服。在没有外在监督的情况下，坚守道德信念，自觉按道德要求行事，不恣意妄为。把提高道德认识与躬行道德实践统一起来，以促进道德要求内化为个人的道德品质，外化为实际的道德行为。

（2）树立大健康观，理解我国以预防为主的卫生与健康工作方针，认识儿童少年卫生学的重要性，意识到预防医学与公共卫生专业人才的职业责任和使命，增强专业认同感。

三、教学方法

本章课程教学适宜采用小组学习汇报形式。学生提前自学慕课和讨论案例，线下理论课程授课可充分结合教师讲授、学生听课、小组案例分析等形式。教师提出讨论问题，将课程教学的知识目标、能力目标和价值目标融入案例分析。每个小组任选一个知识点做汇报（要求制作PPT）。汇报内容不要面面俱到、大而泛，而是要深入、具体，要引用参考文献。

第二节 课程思政案例及分析

一、中国儿童青少年主要健康问题

(一) 案例内容

北京大学公共卫生学院马军教授,在其 2015 年发表的论文《中国儿童青少年主要健康问题及应对策略》中描述了改革开放以后我国儿童青少年的主要健康问题。该文章指出,除了传染性疾病仍存在外,非传染性疾病因生活方式的转变从而导致患病率显著上升。

1. 儿童青少年超重与肥胖现状及变化趋势

在过去 30 年中,全球范围内肥胖检出率逐年上升,1980—2008 年全球成年男性 BMI 平均每 10 年上升 0.4 kg/m^2,而女性平均每 10 年上升 0.5 kg/m^2。1985—2010 年,我国儿童超重与肥胖率持续上升。2010 年,中国学生体质与健康调研结果显示,7~22 岁城市男生、城市女生、乡村男生、乡村女生肥胖检出率分别为 13.33%、5.64%、7.83%、3.78%;超重检出率分别为 14.81%、9.92%、10.79%、8.03%。2005—2010 年,乡村学生超重与肥胖检出率平均增长速度已超过城市,标志着我国儿童青少年已进入肥胖的流行阶段。

2. 儿童青少年血压偏高发生情况

在中国,每年因为心血管病导致的早死人数约有 233 万,其中有 127 万是由于高血压所致。儿童血压偏高的数据逐年上升,2005—2010 年,男生、女生收缩压分别上升 2.5 mmHg、1.2

mmHg，舒张压分别上升1.1 mmHg、1.0 mmHg。最近一项人群研究结果显示，体重正常、超重与肥胖学生的收缩压分别为（103.9±12.3）mmHg、（109.0±13.0）mmHg 和（111.4±13.9）mmHg，舒张压分别为（65.0±9.5）mmHg、（67.5±9.6）mmHg 和（68.9±10.0）mmHg。体重正常、超重和肥胖学生的血压偏高检出率分别为4.96%、9.99%和17.86%。

3．儿童青少年代谢综合征发生情况

代谢综合征是指聚集在同一个体多种代谢异常的病理状态，包括中心性（或腹型）肥胖、高血压、高血糖、血脂异常（高三酰甘油血症及高密度脂蛋白胆固醇低下）等。随着儿童肥胖的流行，儿童代谢综合征患者越来越多。2009年，对8个省市的2752名7～17岁儿童青少年的调查结果显示，代谢综合征患病率为3.2%。其中，男生为3.4%，女生为3.0%；城市学生为3.1%，农村学生为3.3%；超重、肥胖儿童青少年患代谢综合征的危险性分别是体重正常者的12.82倍和51.38倍。

4．视力不良

视力不良（近视）作为全球范围内最常见的眼部疾病，是影响儿童和成人最常见的视觉障碍之一。2010年，全国学生体质与健康调研结果显示，各年龄段学生视力不良检出率均居高不下：7～12岁学生视力不良检出率为40.89%，13～15岁为67.33%，16～18岁为79.20%，19～22岁为84.72%。全国学生视力不良特点表现为视力不良低龄化和农村学生视力不良检出率增幅高于城市学生。

5．儿童青少年心理健康问题

近些年，儿童心理健康得到越来越多家长的重视，但儿童青少年心理健康状况不容乐观。2000年，对北京、河南、重庆、浙江、新疆5个地区5952名儿童的调查结果显示，存在异常心理问题倾向的儿童的比例为16.4%，有严重心理行为问题的比例为 4.2%。2011 年，北京市 6～12 岁儿童的行为问题检出率为 18.2%。儿童青少年自杀问题也不容忽视，上海对 10～17 岁中小学生进行匿名自评问卷调查，发现其中有自杀意念者占 15.23%，有自杀计划者占 5.84%，自杀未遂者占 1.74%。

（二）案例分析

儿童青少年时期是生长发育的关键时期。儿童青少年的健康水平不仅关系个人健康和幸福生活，而且关系整个民族未来的健康素质，是国家人才战略强国的基础。

改革开放以来，我国儿童青少年健康状况得到明显改善。但多次全国学生体质与健康调研及相关研究结果显示，中小学生近视患病率居高不下、超重或肥胖检出率大幅上升、慢性非传染性疾病早发、体质健康不达标、幼儿园教育小学化、社会情绪能力差，等等。

这些问题出现的主要原因是生活环境和饮食方式的改变、体力活动（特别是户外活动）的不足、观看屏幕时间过长、过度保护等不良家庭教养方式、注重成绩和轻视社会情绪能力培养等。

因此，社会、学校、家庭应积极关注儿童青少年健康，创造良好的早期家庭教育环境，树立全面教育、健康成长、个性化发展的社会氛围，提倡体力活动、户外运动，减少观看屏幕时间，重视早期家庭环境、父母言传身教、社会情绪能力培养的良好家庭教育。

二、邓桂芬与我国儿少卫生事业

（一）案例内容

邓桂芬，女，1929年2月1日出生于广东省顺德县，1952年毕业于中山大学医学院，1985年受聘为教授。她是中山大学（原中山医科大学）儿童少年卫生学科的创办人。自大学毕业起，邓桂芬就投身于儿童少年卫生和妇幼卫生工作。她遵循预防医学理论与实践相结合的工作作风，长期在农村、工厂及学校现场进行科研调查和技术指导工作，为广东省儿少卫生工作和事业的开拓倾注了大量心血，积累了极为丰富的现场工作经验。

自20世纪50年代起，邓桂芬先后在广州、从化等地进行儿童生长发育的调研，制定儿童生长发育的统计和评价方法，为调研和评价工作的规范化、标准化提供依据。1956年，她参加了广州市东山区学龄前儿童核黄素的需要量研究。1958年，她带领本科生到瑶岭钨矿实习，为钨矿工人体检进行营养环境调查等研究和现场教学。

1960年，邓桂芬参加了广东省7县2郊区农药应用中毒调查。她和同事先后参加了茂名石油化工厂工人职业中毒情况的普查与现场调查研究。同时，她带领学生进行现场教学。此外，她的工作还拓展到妇女健康问题的研究。1962年，她编写了"儿童青少年生长发育的统计和评价方法"。用此方法，她完成了由广东省卫生防疫站组织的课题，写成了《广东省8万余名儿童青少年生长发育的学术调查报告》。1963—1966年，她参加了农村妇女负荷卫生标准科研项目的研究，对搬运、纺织、机绣、刺绣等女工的子宫脱垂和足弓变形进行了调查；同时，她在广州市郊钟落潭、电白县进行粪便改革，开展防蝇防臭、堆肥等卫生工作。

"文革"期间，邓桂芬受到批斗，在精神和肉体上遭受了极大的伤害。但她始终相信党组织，相信群众，以无比坚强的毅力战胜各种困苦。"文革"结束后，邓桂芬又以极大的热忱投入高等教育事业中。1977年年底，我国恢复高考制度，邓桂芬积极筹建儿童少年卫生学科平台。1979年，中山医科大学创建卫生系，邓桂芬创建了儿童少年卫生学教研室，并积极申请获得了儿童福利基金会与世界银行资助，建立了儿少卫生实验室。她始终认为，儿童少年卫生学的学科建设离不开相应的实验体系支撑。

1984年，邓桂芬前往美国加州大学洛杉矶分校公共卫生学院，进行了为期1年的行为科学与卫生教育研修。回国后，她获得中央资助，购置和充实了儿少卫生实验室设备。她较早就意识到，儿童少年卫生学与妇幼保健学之间存在着不可分割的关系。自1985年起，她参加全国妇幼保健示范县的创建评估工作，先后在广东省新会县和番禺县进行农村儿童营养调查干预，开展计划生育工作，推广母乳营养和母乳喂养方面的研究成果。

1993—1995年，邓桂芬带领教研室的老师们，在顺德妇幼保健院、广州市荔湾区妇幼保健院及珠海市拱北人民医院相继开展孕妇产前干预和胎教工作，并在珠海市拱北人民医院开展社区的初级卫生保健工作。

随着医学模式的转变，儿童青少年心理发育和心理卫生成为邓桂芬较早关注的课题方向之一。自1986年始，邓桂芬对广东省儿童青少年的智力常模进行研究，对他们的青春期发育情况开展系统观测，了解其发育成熟度与认知和智力发展的关系。邓桂芬还利用骨龄、内分泌等生理生化指标对儿童的生长发育进行评价和预测。儿童心理行为科学实验体系是邓桂芬始终坚持的理念之一。早在1992年，她获得美国中华医学基金会项目资助，在我国医学高校建立了首家"儿童体质与行为研究室"，结合儿童心理生理学开展具有开拓性意义的研究工作。同时,她建立了广东省首家"儿童青少年体质与心理行为门诊咨询服务中心",对外开展咨询指导服务。3年间,她先后为数千名儿童及其家长提供咨询指导服务。此外,多年来,她受广东省卫生厅、教育厅委托,开办多次卫生管理干部、学校医生、儿少卫生工作者培训班与讲座。受其教诲和影响的学生不计其数。1996年,邓桂芬退休,但她仍开设讲座、评审论文,并就儿童青少年体质与行为、教养方法、妇幼卫生保健等问题进行咨询答疑。

(二)案例分析

2016年8月19日,习近平总书记在全国卫生与健康大会上讲话,提出新时期我国卫生与健康工作的38字方针:"以基层为重点,以改革创新为动力,预防为主,中西医并重,将健康融入所有政策,人民共建共享。"①

当下,我国的医疗卫生工作重点从过去的"预防为主"转向"防治结合"。新的卫生工作方针将人民健康保障工作,从过去的医疗卫生领域拓展为"大卫生""大健康"理念。随着我国社会主义进入新时期,我国卫生工作站在新的起点上,伴随着健康中国战略号角的吹响,正在踏上新的征程。

邓桂芬教授为儿少卫生事业呕心沥血、奋勇开拓的精神,为我国儿少卫生事业做出的卓越贡献,值得我们永远学习。她的坚持,让我们意识到:我们应树立大健康观,理解我国以预防为主的卫生与健康工作方针,意识到预防医学与公共卫生专业人才的职业责任和使命,增强专业认同感。

---

① 《全国卫生与健康大会19日至20日在京召开》,见中国政府网(https://www.gov.cn/xinwen/2016-08/20/content_5101024.htm)。

三、《健康儿童行动提升计划（2021—2025年）》

（一）案例内容

儿童是国家的未来、民族的希望，儿童健康是经济社会可持续发展的重要保障。为深入贯彻《中共中央 国务院关于优化生育政策促进人口长期均衡发展的决定》，落实《"健康中国2030"规划纲要》和《健康中国行动（2019—2030年）》，进一步提高儿童健康水平，国家卫生健康委于2021年10月29日发布《健康儿童行动提升计划（2021—2025年）》（以下简称《提升计划》）。

1.《提升计划》的主要内容

《提升计划》的主要内容包括四个部分。

（1）基本原则。坚持儿童优先，共建共享。坚持预防为主，防治结合。坚持公平可及，促进均衡。坚持守正创新，持续发展。

（2）主要目标。到2025年，覆盖城乡的儿童健康服务体系更加完善，基层儿童健康服务网络进一步加强，儿童医疗保健服务能力明显增强，儿童健康水平进一步提高。同时，《提升计划》还提出到2025年应达到的具体目标。

（3）重点行动。在实施三孩生育政策的新形势下，统筹兼顾"保生存"和"促发展"，明确提出了推进儿童健康事业高质量发展的主要举措。具体包括七个方面，分别为：新生儿安全提升行动、出生缺陷防治提升行动、儿童保健服务提升行动、儿童早期发展服务提升行动、儿童中医药保健提升行动、儿童健康服务体系提升行动、智慧儿童健康服务提升行动。

（4）组织实施。主要从加强组织领导、加大保障力度和强化宣传引导三个方面提出要求。

2.《提升计划》的主要特点

《提升计划》具有三个主要特点。

（1）突出强调坚持预防为主，防治结合。针对贫血、肥胖、视力不良、孤独症、听力障碍等严重危害儿童健康的风险因素，要求落实早筛查、早诊断、早治疗的防控策略，降低疾病负担，促进儿童健康。强调提高儿童血液病、恶性肿瘤等重大疾病的诊疗能力和救治水平。要求加强儿童中医药服务，鼓励医疗卫生机构运用中医药技术方法开展儿童基本医疗和预防保健，推进儿童中医保健进社区、进家庭。推进"云上妇幼"等智慧儿童健康服务，方便群众看病就医。

（2）突出强调建立完善儿童健康服务体系。《提升计划》要求进一步健全以妇幼保健机构、儿童医院和综合医院儿科为核心，以基层医疗卫生机构为基础，以大中型综合医院和相关科研教学机构为支撑的儿童医疗卫生服务体系，增加儿童医疗保健服务供给。加强以县级妇幼保健机构为龙头、乡镇卫生院和社区卫生服务中心为枢纽、社区卫生服务站和村卫生室为基础的基层儿童保健服务网络建设，提升保健服务可及性。

（3）突出强调提供全方位、全过程、有温度的儿童医疗保健服务。《提升计划》要求聚焦胎儿期、新生儿期、婴幼儿期、学龄前期、学龄期等不同阶段，为儿童连续提供健康监测和医疗保健服务。强调从预防和控制出生缺陷、保障新生儿安全、提升儿童保健水平、促进儿童早期发展、加强婴幼儿养育照护、强化儿童疾病防控等多个方面保障儿童健康。以开展儿童友好医院建设为契机，引导医疗机构建设符合儿童身心特点的环境设施，营造温馨友善的服务氛围，为儿童提供有情感、有温度、有人文的优质医疗保健服务。

（二）案例分析

《提升计划》的发布，致力于儿童的健康促进。1986年11月21日，世界卫生组织在加拿大渥太华召开第一届国际健康促进大会，首先提出"健康促进"。健康促进是指运用行政的或组织的手段，广泛协调社会各相关部门以及社区、家庭和个人，使其履行各自对健康的责任，共同维护和促进健康的一种社会行为和社会战略。《提升计划》计划把"将健康融入所有政策"这一策略，运用在儿童的健康促进与儿童青少年人群从生命早期到青春期、青年期的身心快速发展过程中，以及由不同家庭、学校、社区构成的复杂社会环境中。为促进儿童青少年人群的健康，多部门协作、多学科知识融合是必然的。

讨论如何才能把"将健康融入所有政策"这一策略纳入儿童少年健康促进行动之中。

（1）将健康融入所有政策，要改变过去"卫生属于花钱行业"的错误认识。健康的获得虽然需要经济资源的投入，但是会反过来促进经济发展。没有劳动力的健康，就没有经济的发展。历史经验证实，以损害人民生命健康换取的经济发展，不仅是不可持续的，而且会让我们付出更大代价。将健康融入所有政策，将以健康带动全产业链的绿色升级，实现经济社会发展的可持续性和活力。

（2）将健康融入所有政策，树立大卫生、大健康的观念，把以治病为中心转变为以人民健康为中心。这既是对世界健康发展趋势的科学把握，也是对健康发展内在规律的深刻揭示。这要求我们从影响健康因素的广泛性出发，关注生命全周期、健康全过程，将健康作为制定实施各项公共政策的重要考量，统筹调配全社会卫生健康资源，将维护人民健康的范畴，从传统的疾病防治拓展到影响健康的各个领域。

（3）将健康融入所有政策，要重新梳理我国政策体系，只要会产生与健康相关的效应，都必须从维护和增进健康的视角去设计与优化。比如医保政策，应确立购买健康的政策理念，而不只是购买医疗服务，引导医生加强预防保健工作，减少疾病的发生。认真落实《关于加强儿童医疗卫生服务改革与发展的意见》，不断加大改革力度。

（4）把健康融入所有政策，还要全面建立健康影响评价评估制度，将主要健康指标列入经济社会发展规划之中。这需要系统评估各项经济社会发展规划、政策、重大工程项目对健康的影响，站在全局的、长远的、整体的角度，用健康的尺度审视整个社会发展的方向和步调，在坚实的经济基础上，把更多资源投向健康，让公共财政更多地为百姓健康提供保障。

参考文献

[1] 国家卫生健康委. 国家卫生健康委关于印发健康儿童行动提升计划（2021—2025 年）的通知［EB/OL］.（2021 - 10 - 29）［2022 - 08 - 30］. http://https://www.gov.cn/zhengce/zhengceku/2021 - 11/05/content_5649019.htm.

[2] 静进. 邓桂芬教授与我国儿少卫生事业［J］. 中国学校卫生，2009，30（11）：963 - 964.

[3] 鲁婷婷，闫振龙. 大学生道德健康评价指标构建及实证分析［J］. 当代教育与文化，2020，12（4）：94 - 98.

[4] 马军. 中国儿童青少年主要健康问题及应对策略［J］. 中国学校卫生，2015，36（6）：801 - 804.

[5] 全国卫生与健康大会 19 日至 20 日在京召开［EB/OL］.（2016 - 08 - 20）［2022 - 08 - 23］. http://www.gov.cn/xinwen/2016 - 08/20/content_5101024.htm.

［6］陶芳标. 儿童少年卫生学［M］. 8版. 北京：人民卫生出版社，2017.

（李秀红）

第八章　儿童少年常见病防治

第一节　课程思政教学设计

一、案例教学适用范围

本案例适用于"儿童少年卫生学"本科生和研究生课程中儿童少年常见病防治相关章节的教学。

二、课程教学目标

1. 知识目标

(1) 了解儿童少年常见病的类型及流行特征。
(2) 识别儿童少年常见病发生、发展的危险因素。
(3) 讨论儿童少年常见病的防治策略与措施。

2. 能力目标

(1) 通过案例分析，让学生更好地理解各类儿童少年常见病的流行、原因及危害，充分意识到儿童少年常见病是复杂多样的危险因素相互影响的结果。

(2) 通过案例分析，让学生更好地理解儿童少年常见病防治策略与措施的制定方法和综合防控的重要性，掌握具体问题具体分析的方法论。

3．价值目标

（1）通过小组案例分析的教学活动，增强学生的学习主动性、成就感和自信心，培养学生的团队协作能力。

（2）通过案例教学，让学生了解科研素养的重要性，鼓励学生坚定科研理想信念，激发学生的创新精神，培养学生的爱国情怀和社会责任感。

三、教学方法

本章课程适宜采用翻转课堂教学。学生提前自学慕课和讨论案例，线下理论课程授课可充分结合教师讲授、学生听课、小组案例分析等授课形式。教师提出讨论问题，将课程教学的知识目标、能力目标和价值目标融入案例分析。

第二节　课程思政案例及分析

一、中国儿童面临的双重负担——营养不良和超重与肥胖

（一）案例内容

营养是人类生存的基础。随着改革开放和经济增长，我国膳食模式由"温饱"向"小康"转变，儿童营养状况明显改善。但是，营养不良的影响因素仍然存在并且还有新的变化，同时，

营养过剩引发生命后期慢性非传染性疾病（如高血压、糖尿病和癌症等）问题日趋严重。因此，我国儿童面临营养不良和营养过剩的双重负担。

1. 中国儿童营养不良的发生情况

营养不良是5岁以下儿童死亡的主要原因。2013年，5岁以下儿童死于营养不良的人数占全球儿童死亡总人数的45%。在发展中国家，每年有超过200万名6个月至5岁儿童死于营养不良。我国政府高度重视儿童健康，儿童营养健康状况得到极大改善。2000年，我国5岁以下儿童生长迟缓率、低体重率、消瘦率分别为17.8%、7.4%、2.5%。2010年，相应数据分别降至9.4%、3.4%、2.3%。美国5岁以下儿童生长迟缓率、低体重率、消瘦率在2002年分别为3.3%、1.1%、0.5%，2010年分别降至2.7%、0.8%、0.4%。印度5岁以下儿童生长迟缓率、低体重率、消瘦率在1999年分别为51.0%、44.4%、20.0%，2006年分别降至47.9%、43.5%、19.8%。该组数据表明，我国儿童营养不良患病率逐年递减，在亚洲位于前列，与发达国家的差距逐渐减小，甚至接近发达国家水平。

尽管我国提高儿童营养水平的工作取得显著成绩，但也面临着新的问题和挑战。日趋上升的儿童营养水平平均值掩盖了我国农村和贫困地区潜藏的危机，儿童营养不良问题仍然突出。2014年，世界卫生组织公布，2010年我国5岁以下城市儿童低体重率、生长迟缓率、消瘦率分别为1.5%、4.5%、2.0%，农村分别为5.2%、15.5%、3.3%。儿童营养状况存在显著的城乡差别和地区差异，农村地区（特别是贫困地区）儿童低体重率和生长迟缓率约为城市地区的3~4倍，而贫困地区为一般农村地区的2倍。

青少年轻度营养不良和低体重问题容易被忽视。虽然我国学生营养不良发生率逐步下降，但因摄入的热量和蛋白质不能满足身体旺盛生长的需要，轻度营养不良和低体重仍占我国青少年营养不良的主体。2002年，全国7～17岁儿童青少年营养不良发生率平均为27.8%，上海等经济较好的城市也有25%左右轻度营养不良的学生。这类青少年群体身高通常在正常水平，但身体瘦弱，肺活量、肌肉耐力、速度等生理功能水平较低；多数认知能力不受影响，但抗学习疲劳的能力下降、思维不活跃、创造性思维水平较低。青少年时期是生长发育的关键时期，也是最具挑战性的时期之一，快速的生长发育和较高的体力、智力活动使青少年对营养的需求较高。我们应重视青少年的营养问题，消除负面因素，帮助他们接受全面、良好的营养，使他们成为健康、有效率、有学习能力的新一代。

微量营养素的缺乏，在我国依然普遍。微量元素发挥着"魔杖"的作用，是酶和激素在体内执行生物学效应的必需物质。任何时期的微量营养素缺乏，都会对儿童的健康产生影响，近期引起免疫力下降，易患感染性疾病等，甚至导致死亡，远期影响行为、智力、生产力，给未来一生带来不可逆的损害。

2．全球和中国超重与肥胖发生率

超重与肥胖发生率正以惊人的速度飙升，特别是在城市。2013年，全球肥胖人数较1980年增长1倍多，5岁以下儿童超重和肥胖人口估计超过4200万，其中3100万集中在发展中国家。2010年，中国5岁以下儿童超重与肥胖发生率已达到7.1%，其中城市为8.5%，农村为6.5%。2002—2012年，我国城市儿童少年超重发生率由8.5%增加到11.0%，肥胖发生率由4.4%增加到7.7%。

3．早期营养不良和超重与肥胖对后续健康的影响

越来越多的研究证明，人类在生命发育的早期阶段经历不良因素，如营养不良和营养过剩，会调控和改变胚胎细胞分化与增殖程序，进而导致远期大脑认知功能障碍、高血压、冠心病、代

谢性骨病等疾病。生命早期 1000 天理论、疾病和健康的发育源学说，也强调早期营养影响儿童一生健康和未来。孕母低体重、缺铁性贫血或肥胖，更有可能生出低体重、发育不全或超重/肥胖的婴儿，后续其在成年早期对代谢综合征易感性增加，由此形成可怕的恶性循环。胎儿期、婴幼儿期甚至是青少年期的营养不良或肥胖，会增加儿童患病率和病死率，以及导致儿童不可逆转的体格、行为和认知障碍，远期影响儿童潜能的发挥、降低学习工作能力、增加代谢综合征患病率。关注儿童早期营养，特别是投资生命早期 1000 天的营养，对于改善儿童健康成本最小且效益最大，这已成为多国政府的共识。我国从 2013 年开始试点，由政府购买"营养包"，对贫困地区 2 岁以下儿童进行营养干预。这不仅对儿童器官发育和功能极为重要，而且更深远的意义是保障其成年期长期健康和高质量生存。

（二）案例分析

以《中国儿童营养面临的双重负担——营养不良和超重与肥胖》为案例，围绕"儿童少年营养不良和超重与肥胖"设置案例分析题目。通过案例分析，让学生掌握儿童少年营养不良和肥胖的概念，了解其流行特征，识别其危险因素，理解综合防控在肥胖防治工作中的重要性。同时，通过案例延伸讨论，培养学生的科研思维和创新意识。

（1）简述营养不良和肥胖的定义与分类。

营养不良是指由于营养不足、疾病等原因造成儿童少年生长发育水平显著低于同性别同龄人的一种疾病，主要有生长迟缓和消瘦两种表现。

肥胖是在遗传、环境因素交互作用下，因能量摄入超过能量消耗，导致体内脂肪积聚过多，从而危害健康的慢性代谢性疾病。肥胖按病因可分为原发性肥胖和继发性肥胖；按全身脂肪组织分布部位可分为腹型肥胖和周围型肥胖。

（2）结合案例分析我国儿童面临营养不良和超重与肥胖双重负担的原因。

第一，膳食摄入不平衡，膳食结构不合理。随着经济发展，我国的食物结构和膳食模式显著改变，但由于我国仍处于经济发展转型期，对儿童少年营养和膳食知识的掌握不够，儿童摄入的食物能量密度和营养素密度未同步增加，儿童暴露于高能量、高糖、高脂、高盐却缺乏优质蛋白、微量元素和矿物质食品的机会越来越多，导致儿童能量摄入过多而营养素摄入相对不足或不平衡。

第二，体力活动缺乏。随着生活、交通方式的改变，儿童静息活动时间增多，体力活动减少，摄入与消耗的能量失衡，体内脂肪储积过多。同时，体力活动的缺乏也可能导致身体瘦弱，肺活量、肌肉力量、速度等生理功能水平下降，体质下降。

第三，早期营养失衡。母亲孕期和婴幼儿时期营养缺乏和营养过剩也是儿童少年乃至成年营养不良和超重与肥胖的影响因素。如婴幼儿时期是儿童身高增长的最大潜能期，青春期身高增长的总体幅度与婴幼儿时期形成的调节机制有关，婴幼儿时期身长落后的儿童，尽管青春期突增期的前一两年增幅较大，但由于青春期生长时间较短，此增幅对成年身高贡献不大。

（3）阐述儿童少年超重与肥胖的综合防控。

儿童少年超重与肥胖的综合防控，以"预防为主"为核心，以政策、社会、环境等方面为切入点，建立以学校、家庭、社区为主的防控网络，采取政府主导、多部门合作和社会积极参与的综合防控策略，依据筛查结果和人群分类开展普遍性、针对性、干预性预防的工作实践。

第一，开展普遍性预防。面向全体人群，包括学龄前儿童、婴幼儿和孕妇。运用健康教育、健康促进理论，依托建设健康学校、提高学生健康素养的形式,通过制定政策、创建支持环境、社区积极参与、开展健康教育、提供健康咨询和指导,培养儿童少年健康的行为和生活方式。

第二,开展针对性预防。面向体重正常,但是明显暴露于肥胖易感环境、存在明显易感行为的群体,以学生为中心、学校为基础、家庭参与的形式进行针对性干预,包括建立良好的膳食制度、培养健康的饮食行为、保证足够的身体活动、防止盲目减肥等。

第三,开展干预性防控。主要是针对超重与肥胖儿童,在专业人员指导下,以合理膳食和身体活动为基础、以行为矫正为关键、以学校等生活场所为实施场合采取的综合干预措施,包括饮食调整、身体活动指导、行为矫正、心理疏导等。

二、中国 2000—2020 年 0～14 岁儿童缺铁性贫血患病率的 Meta 分析

(一)案例内容

缺铁性贫血(iron deficiency anemia,IDA),是体内铁缺乏导致血红蛋白合成减少,临床上以小细胞低色素性贫血、血清铁蛋白减少和铁剂治疗有效为特点的贫血症。WHO 研究显示,全世界约有 20 亿人贫血,其中 43% 的人为 0～5 岁儿童。21 世纪初,我国 7 岁以下儿童 IDA 患病率为 7.8%,婴儿的 IDA 患病率高达 20.5%,虽然较 20 世纪 90 年代有所下降,但仍高于发达国家水平。IDA 作为儿童"四大疾病"之首,严重影响着儿童的智力发育及睡眠质量等,这种影响甚至可持续至成年。

2020 年,刘建欣、刘桂玲、李燕燕等发表论文《中国 2000—2020 年 0～14 岁儿童缺铁性贫血患病率的 Meta 分析》,

该研究通过计算机检索中国知网、中国生物医学文献数据库、维普、万方、PubMed、Embase、Web of Science 数据库，收集从 2000 年 1 月 1 日至 2020 年 4 月 29 日公开发表的关于中国 0～14 岁儿童缺铁性贫血的横断面研究。中文检索词包括缺铁性贫血、儿童、小儿、患病率、现况，英文检索词包括 anemia、iron-deficiency、child、children、epidemiology、cross-sectional studies、China、Chinese，并追溯参考文献以补充相关文献。

最终，该研究共纳入 60 篇文献 122771 例儿童。其中，患病儿童为 28693 例。Meta 分析结果显示：2000—2020 年，中国 0～14 岁儿童 IDA 总患病率为 19.9%，女童患病率（18.7%）高于男童（16.9%），差异有统计学意义（$P<0.05$）；婴儿期患病率最高（30.3%），其次为幼儿期（16.7%）；2006—2010 年儿童患病率最高（22.6%），但近年来儿童缺铁性贫血患病率较前有所下降，2011—2015 年为 21.9%，2016—2020 年降至 16.8%；88.7% 的患病儿童表现为轻度贫血，仅 11.3% 表现为中重度贫血；西北和西南地区儿童患病率最高，分别为 31.9% 和 28.3%，华东、华南和东北地区儿童患病率相对较低，分别为 13.1%、14.0% 和 16.6%；农村儿童患病率（25.6%）远高于城市儿童（9.1%），尤以西部农村地区表现最明显。

（二）案例分析

以《中国 2000—2020 年 0～14 岁儿童缺铁性贫血患病率的 Meta 分析》为案例，围绕"儿童少年缺铁性贫血"设置讨论题目。通过案例分析，让学生了解儿童少年缺铁性贫血的流行特征，掌握其发生原因和防治措施。同时，通过案例分析，培养学生的科研思维和创新意识。

（1）结合案例分析儿童少年缺铁性贫血的发生原因。

儿童少年缺铁性贫血的主要原因包括五个方面。①先天储铁不足：孕晚期母胎铁转运量最大，早产、双胎或多胎、胎儿失血和孕母严重缺铁均可导致胎儿先天储铁减少。②铁摄入量不足：虽然母乳铁吸收率高，但是含铁量低，长期单纯母乳喂养而未及时添加富铁辅食或未使用铁强化配方乳是儿童缺铁的重要原因。③铁吸收障碍：不合理的饮食搭配、胃肠疾病和抗酸药物均可影响肠道铁的吸收。④铁需求量增加：婴儿、青春期和月经周期女孩对铁的需求量大，未及时添加富铁食物易发生缺铁。⑤铁丢失增多：体内任何部位的长期慢性失血、急性创伤性失血均可导致缺铁，临床最常见表现为各种原因所致消化道出血和青春期女孩月经增多。

该案例中，女童 IDA 患病率高于男童可能与女童体内铁储存量较低、铁需求量较大、月经期铁丢失增多及富铁食物摄入不足等有关；婴儿期患病率最高可能与其生长发育铁需求量大、辅食添加不合理及母亲孕期铁储存不足等有关；西部地区儿童患病率高于其他地区儿童，农村儿童患病率高于城市儿童，可能与西部地区和农村地区儿童的生活水平较落后、营养物质匮乏及家长对预防 IDA 知识缺乏等因素导致铁摄入不足有关，表明 IDA 发生与当地经济水平及营养状况密切相关。近年来，我国儿童 IDA 患病率较前有所下降，可能与我国居民经济水平提高、食物供给丰富及注重儿童铁元素等营养补充等公共措施的实施有关。

（2）阐述儿童少年缺铁性贫血的防控措施。

虽然儿童少年缺铁性贫血发生率和复发率高，但预防和治疗较容易，应采取防治结合的综合措施。

1）预防方面包括三个方面的措施。①健康教育：指导合理喂养和饮食搭配。②不同阶段采取针对性预防措施：孕期加强营养，摄入富铁食物，按时补充铁和叶酸；早产儿和低出生体重儿提倡母乳喂养，纯母乳喂养者 2~4 周开始补铁，不能母乳喂养应采用铁强化配方乳，一般无须额外补铁，足月儿纯母乳喂养

4～6个月后及时添加富铁辅食；幼儿注意合理的饮食搭配，纠正不良饮食习惯，鼓励进食蔬菜、水果以促进肠道铁的吸收；青春期儿童尤其是女孩除了要注意加强营养，合理的饮食搭配，纠正不良饮食习惯，多吃富铁食物和蔬菜、水果外，还需注重青春期心理健康和咨询。③定期体检：定期开展血红蛋白监测，督促血红蛋白异常者及时就医诊治。

2）治疗方面应根据不同的贫血程度采取不同的治疗方法。①一般治疗：轻度贫血的儿童少年应注意营养，合理膳食，增加富铁食物摄入，纠正不良饮食习惯，同时加强护理，注意休息，避免感染。②病因治疗：明确导致缺铁的原因和自身基础疾病，采取相应措施去除病因，如纠正厌食、偏食等不良饮食习惯，治疗慢性失血性疾病等。③铁剂治疗：在医生的监督下合理补充铁剂，如采用口服铁剂，应同服维生素C促进铁吸收。

三、"具体问题具体分析"的马克思主义方法论在儿童少年常见病防治中的应用

（一）案例内容

"具体问题具体分析"是马克思主义活的灵魂，是马克思主义辩证方法论的一条基本原则。它要求人们在做事、想问题时，要根据事情的不同情况采取不同措施，不能一概而论。

"具体问题具体分析"的思想渊源，来自马克思和恩格斯。马克思在《共产党宣言》的序言中提道："《宣言》中一般原理的实际运用，随时随地都要以当时的历史条件为转移。"恩格斯在谈到否定之否定规律的时候提道，如果不懂得具体分析，就会"把否定的否定当作儿戏"。在马克思的思想影响下，列宁最早提出了"具体问题具体分析"的表述。他认为，在运用马克思

主义基本原理的过程中，一定要具体分析客观实际，不能脱离现实，切忌将基本原理教条化。

"具体问题具体分析"这一思想传入中国后，得到毛泽东、邓小平的阐发和应用。毛泽东在《矛盾论》中提出，要在矛盾普遍性的指导下去分析矛盾的特殊性。也就是说，世界上一切事物都充满矛盾，但每一事物的矛盾各有特点，要分析在具体条件下矛盾的不同之处，分清主次矛盾，分清矛盾的主次方面，善用不同的方法解决不同的矛盾。《矛盾论》中，论述"具体问题具体分析"的一般性原则为：①分析各种物质运动形式矛盾的特殊性；②研究每一种物质运动形式在其发展长途中，每个过程矛盾的特殊性，即研究过程矛盾的特点；③每个过程中矛盾的各个侧面也是有各自的特殊性，要注意加以研究；④每个过程在其发展长途中常常又分为若干阶段，而每个阶段上矛盾的特点是不同的，要认真分析研究；⑤每个阶段上矛盾的各个侧面也各有特点，不可一律对待，亦须进行具体分析。只有对客观事物进行具体的分析，才能正确认识事物，制定出改造世界的正确方案，分清矛盾的性质和特点，从而进一步找出解决矛盾的正确方法。

坚持具体地分析具体情况，就是坚持以辩证唯物论为基础的唯物辩证法。也就是说，必须深入实际，进行调查研究。在研究中，要反对主观性、片面性和表面性。所谓主观性，就是不知道客观地看问题，也就是不知道用唯物的观点看问题。所谓片面性，就是不知道全面地看问题，只了解一方面而不了解另一方面，只知局部而不知全体。所谓表面性，就是不知道深入事物内部去精细地研究矛盾的特点。

（二）案例分析

以"具体问题具体分析"的马克思主义方法论在儿童少年常见病防治中的应用为案例，围绕"儿童少年常见病"设置讨论题目。通过讨论，让学生认识到不同常见病的流行特征、发生原因、影响因素、防控措施等既有共性也有个性，需要结合实际具体制定防治措施。同时，通过案例延伸讨论，培养学生的思政意识。

结合"具体问题具体分析"的方法论，举例分析儿童少年常见病的防控策略与措施。

"具体问题具体分析"，要求在矛盾普遍性的指导下分析矛盾的特殊性，分清主次矛盾和矛盾的主次方面，用不同的方法解决不同的矛盾。不同过程和过程中的不同阶段的矛盾的特点也不同，需要具体分析，不能一律对待，并且在研究中要坚持客观、全面、深入地看问题，反对主观性、片面性、表面性，不能脱离现实。

儿童少年常见病的防治应充分结合"具体问题具体分析"的方法论，全面客观考虑的同时抓住防治的关键和核心。以"预防为主"为核心，以政策、社会、环境、个人等方面为切入点，建立以学校、家庭、社区为主的防控网络，采取政府主导、多部门合作和社会积极参与的综合防控策略。比如政府要制定并认真落实学校健康促进政策；开展健康学校建设，定期组织体检并建立学生健康档案；改善学校和家庭学习环境，学校或社区定期开展健康教育活动，提供健康咨询和指导；提升个人健康素养，提高对常见病的认知程度和防范意识，培养良好的行为习惯和生活方式等。

在综合防控的大方向指导下，还需结合实际，根据不同情况采取不同措施。①根据不同常见病的特点采取针对性措施。如近视与户外活动、采光照明、用眼时间等因素有关。因此，在近视防控中，学校可采取改善照明条件、调整课桌椅高度和光源距桌面的距离、合理安排学习时间、保证充足的户外活动和体育锻炼时间、定期做眼保健操等措施。超重与肥胖跟饮食、运动等因素有关。因此，在肥胖防控中，学校可采取为学生提供能量适宜、营养均衡的午餐，传授运动技能，提供运动场所等措施。②不同的地区、人群，侧重点不同。比如，女性缺铁性贫血的患病率较高，对于女性（尤其是处于青春期和月经周期的女性），要预防缺铁。农村和贫困地区营养不良的发病率较高，对于这些地区，要注重加强营养，预防营养不良。③常见病发生发展的不同过程和阶段侧重点不同。例如常见病的预防和治疗往往需要采取不同的措施。常见病的预防多采用健康教育、调整生活方式和行为习惯等措施。而常见病的治疗，除上述措施外，必要时可采用药物、手术、器械治疗等方式。在超重与肥胖的防控中，针对肥胖发展的不同阶段和对象需要采取不同措施。普遍性预防主要面向全体学生人群，针对性预防主要面向体重正常但明显暴露于肥胖易感环境、存在明显易感行为的儿童少年，干预性防控主要针对超重与肥胖的儿童少年。

参考文献

[1] 高举. 儿童缺铁和缺铁性贫血防治建议 [J]. 中华儿科杂志, 2008, 46 (7): 502-504.

[2] 李沫颖. "具体问题具体分析"的马克思实践哲学阐释 [D]. 长春：东北师范大学, 2021.

[3] 李廷玉. 中国儿童营养面临的双重负担：营养不良和超重肥胖 [J]. 中国实用儿科杂志, 2015, 30 (12): 881-883.

[4] 刘建欣, 刘桂玲, 李燕燕, 等. 中国 2000—2020 年 0～14 岁儿童缺铁性贫血患病率的 Meta 分析 [J]. 中国学校卫生, 2020, 41 (12): 1876-1881.

（朱艳娜）

第九章　儿童少年慢性病

第一节　课程思政教学设计

一、案例教学适用范围

本案例适用于"儿童少年卫生学"本科生和研究生课程中儿童少年慢性病相关章节的教学。

二、课程教学目标

1. 知识目标

（1）掌握儿童慢性病的定义及各类慢性病的病因和影响因素。

（2）熟悉各类儿童慢性病的早期预防措施。

2. 能力目标

（1）通过案例分析，让学生能够了解儿童少年慢性病对个人健康的危害。

（2）通过案例分析，让学生能够了解儿童少年慢性病对社会和家庭造成的负担。

（3）通过案例分析，让学生能够通过联系流行病学内容掌握查找病因的方法，并了解儿童少年糖尿病、恶性肿瘤的病因及影响因素。

3. 价值目标

（1）通过小组案例分析的教学活动，增强学生的学习主动性、成就感和自信心，培养学生的团队协作能力。

（2）通过案例教学，让学生了解儿童恶性肿瘤的危害，认识国家为构建儿童恶性肿瘤防控体系所做出的努力。通过大庆糖尿病预防项目案例，让学生了解儿童少年卫生学在医学研究中的重要作用，学会灵活联系流行病学知识探讨问题。通过案例分析，让学生了解科学研究工作的艰辛，树立学生的学术道德和规范意识，激发学生的创新精神，培养学生的爱国情怀和社会责任感。

三、教学方法

本章课程适宜采用理论和课堂讨论相结合的教学方式。学生提前自学慕课和讨论案例。线下理论课程授课可充分结合教师讲授、学生小组案例分析等授课形式。教师提出讨论问题，将课程教学的知识目标、能力目标和价值目标融入案例分析。

第二节 课程思政案例及分析

一、儿童恶性肿瘤

（一）案例内容

肿瘤是指机体在各种致癌因子的作用下，局部组织细胞在基因水平上失去对生长的正常调控，导致细胞异常增生所形成的新生物。人类肿瘤的发生，是遗传因素和环境因素交互作用的结果，其中以环境因素的影响为主。儿童恶性肿瘤发病率的大幅度提高，已引起世界各国研究者的注意。一些研究者认为，这可能主要与母亲在孕前及怀孕期、孩子在新生儿期暴露于各种环境致癌因素有密切关系。人群流行病学调查或动物实验结果显示，孕期胎儿在宫内暴露于射线、烟雾、己烯雌酚（diethylstil-bestrol，DES）等药物、乙醇、农药、有机溶剂、重金属和某些病毒感染等环境致癌因素，与子代出生后诱发肿瘤有关。

近年来，我国儿童恶性肿瘤发病率、死亡率呈逐年上升趋势，恶性肿瘤已成为儿童第二大死因，仅次于意外事故。2005—2015 年，中国 0～14 岁儿童恶性肿瘤发病共 22039 例，发病率为 9.35/10 万。与其他国家和地区相比，我国目前的儿童恶性肿瘤发病率稍低于美国（16.5/10 万）、韩国（16.2/10 万）、欧盟（14.3/10 万）和日本（10.6/10 万）等发达国家和地区。但研究表明，我国儿童恶性肿瘤的发病率正以每年 2.8% 的速度显著增加，而欧美地区的儿童恶性肿瘤的发病率的年均变化率仅 1%，日本儿童恶性肿瘤的发病率的年均变化率只有 0.05%。虽然我国儿童恶性肿瘤发病率低于欧美和日本等发达国家和地区，但增长速度明显高于上述国家和地区。若不遏制儿童恶性肿瘤发病率的增长，势必严重危害儿童的健康，加重家庭和社会的负担。

儿童恶性肿瘤严重影响国家和社会的发展，加重国家的疾病经济负担。《中国卫生统计年鉴2013》的统计数据显示，2012年我国儿童恶性肿瘤的住院总费用约为51.35亿元，门诊总费用约为18.93亿元，医疗总费用高达70.28亿元。这些仅仅是直接医疗费用，而不包括交通费、住宿费、父母误工费、看护费等非医疗费用，以及由于疾病带来的失能、早亡进而导致健康寿命年折损所产生的间接经济负担。

此外，儿童恶性肿瘤还会对家庭及其成员的物质和精神生活造成许多负面影响。在物质生活方面，儿童恶性肿瘤的治疗周期长、费用高，巨额的医疗费用给家庭带来极其沉重的经济负担。以白血病为例，治愈一例白血病患儿平均需要3.5～5年的时间，大约花费20万～40万元。对普通家庭而言，这是一笔巨额开支。而且，一旦家庭中出现恶性肿瘤患儿，父母中至少一方必须放弃工作全职照顾患儿，这将使家庭收入进一步削减，经济状况进一步恶化。巨额的医疗费用造成恶性肿瘤患儿家庭"因病返贫""因病致贫"的情况屡见不鲜。在精神生活方面，父母中的一方为照顾患儿的饮食起居日夜操劳，殚精竭虑，对其身体和精神都是极大考验；另一方作为家庭经济的唯一来源，则奔波于工作单位、医院、家庭之间，生理和心理都承受多重压力。有资料表明，一方面，50%～70%的恶性肿瘤患儿具社会孤立感，患儿重新融入同龄儿童社会更加困难；另一方面，儿童受刺激之后，心理问题很容易转化为心理障碍，男性患儿多表现为社会交往不良、躯体化障碍和违纪行为，女性患儿多表现为抑郁和社会性退缩。长期住院治疗和身体不适，还使儿童不能按时接受学校教育，文化知识水平逐渐落后于同龄人，未来更难以适应社会发展节奏。

我国儿童肿瘤防控事业经由数代人的共同努力，从无到有，不断进步。21世纪以来，我国肿瘤防控事业汲取国际先进经验，在国内形成了一些地区性的肿瘤中心，也具备特定的优势和机遇。

恶性肿瘤的流行，引起了我国政府的高度关注，卫生部门陆续出台了一系列政策和措施，大力开展并持续推进我国的恶性肿瘤防控事业。2002年，我国组织专家开展癌症防控策略研究。2003年，卫生部发布《中国癌症预防与控制规划纲要（2004—2010）》，我国癌症防控工作的序幕全面拉开，癌症防控工作陆续展开。随后，我国组织专家分病种制定各类癌症的诊疗指南。2011年，科技部等部门发布《医学科技发展"十二五"规划》，提出从基础研究、临床实践以及转化研究等方面提高肿瘤防控水平，再次对我国的肿瘤防控做出了总体安排和工作要求。2015年10月，国家卫生和计划生育委员会（简称"卫计委"）等部门发布《中国癌症防治三年行动计划（2015—2017）》，为新时期的肿瘤防控提出新的具体目标。在政府的高度重视和政策的大力支持下，中国肿瘤防治数据库、全国肿瘤发病死亡数据库、肿瘤临床治疗信息数据库相继建立，在控制肿瘤危险因素、建立癌症早诊早治示范区、建立肿瘤登记系统、加强宣传教育以及广泛开展国际合作等方面有了一定进展。这些都为儿童恶性肿瘤相关防控工作的开展提供了很好的发展机会与平台。

儿童群体对于家庭的维系和社会的可持续发展具有至关重要的作用。孩子是家庭的核心，是国家的未来，是民族的希望，对其健康的守护，受到全社会的高度重视。目前，人类对于儿童肿瘤的发病机制已有一定认识，发现遗传因素占主导的儿童肿瘤往往具有特定基因，也明确了环境危险因素诱发的儿童肿瘤的一些病因线索，这些为儿童肿瘤的一级预防提供了可能。同时，儿童肿瘤还因以胚胎性肿瘤为主的独特发病机制，成为很好的人类肿瘤遗传学研究模型，可能蕴含肿瘤病因研究的突破口，有可能由此开辟攻克癌症（包括成人癌症）的新途径。开展儿童恶性肿瘤的综合防控，既具备相应的技术基础，又有很高的科学价值，还具有比较理想的卫生经济学效益，同时符合国家发展的长远目标和最基本的人道主义原则。

随着医疗卫生改革的不断推进，我国农村大病保障计划将部分发病率高、诊疗费用高和疾病负担重的儿童肿瘤纳入其中，减少了诊断和治疗费用，提高了医疗服务的可及性。儿童白血病和慢性粒细胞白血病纳入了大病保障计划，住院费用实际报销比例不低于70%、最高可达90%，为部分儿童肿瘤的诊治提供了费用保障，减轻了患儿家庭的经济负担，有助于肿瘤防控工作的进一步开展。

我国的儿科医师极为短缺，2015年"全面二胎"政策实施后，这一矛盾进一步加剧。为此，2016年初，卫计委专门就儿科医生培养和使用举行新闻发布会，指出将通过四大措施全力缓解儿科医师短缺现状：①于2016年7月起，开始招收儿科学专业本科生；②在继续教育项目实施过程中，向儿科专业重点倾斜；③建立符合儿科特点的人事薪酬制度；④加强儿科专业住院医师规范化培训，启动儿科医师转岗培训。通过以上综合措施，力争使儿科医师达到14.04万人以上，每千名儿童拥有的儿科医师数达到0.6人。在2016年的两会代表发言上，也有代表向政府提出儿科医师的培养方案和激励机制的相关建议。这些举措，将极大推进我国儿科医师的人才队伍建设工作，有力缓解我国儿童医疗资源的紧张局面，为儿童恶性肿瘤的综合防控提供重要的人力支持。

结合我国国情，根据中国儿童恶性肿瘤综合防控战略的指导思想，未来我国儿童恶性肿瘤防控体系的建设应充分发挥体制优势，整合各方力量和多方资源，全面建成以政府为主导、各部门协同合作、全社会共同参与的儿童恶性肿瘤综合防控新局面。

（二）案例分析

围绕上述案例内容设置案例讨论题目。通过讨论，让学生了解儿童恶性肿瘤的危险因素、流行现状和趋势，讨论儿童恶性肿瘤对社会、家庭和个人的危害以及可行的防控措施，培养学生的社会责任感。通过案例，让学生认识到预防医学在重大慢性疾病防治中的重要地位。

（1）阅读案例内容，结合自己所学知识，讨论并总结儿童恶性肿瘤对国家、家庭和个人的危害。

对于国家，儿童恶性肿瘤会增加国家疾病的负担和医疗保险的经济负担。对于家庭，会造成恶性肿瘤患儿的家庭"因病致贫""因病返贫"，患儿家庭的父母也会在照顾患儿的生活中，感到巨大的精神压力。对于患病儿童，他们存在社会孤立感，难以融入同龄儿童群体，不能按时接受学校教育，文化知识水平落后于同龄人，未来更难以适应社会发展。

（2）为防控儿童恶性肿瘤，你认为还有什么可行的措施？

增加对于儿童恶性肿瘤发病机制研究的投入，探索可能的病因，为预防儿童恶性肿瘤、研发相应药物打下基础。向大众宣传易于引发儿童恶性肿瘤的危险因素，尽可能降低儿童恶性肿瘤的发生率。

二、中国大庆糖尿病预防研究：世界 2 型糖尿病一级预防里程碑式研究

（一）案例内容

中国大庆糖尿病预防研究（China Daqing diabetes prevention study，CDQDPS）开始于 1986 年，是全球首个证明生活方式干预可以延缓或预防糖耐量受损人群（impaired glucose tolerance，IGT）罹患 2 型糖尿病的随机对照研究。研究团队通过对 11 万人的筛查，筛选出一个包括约 1700 人的队列，该队列中平均年龄 45 岁（25～74 岁），其中 1/3 是健康人士，1/3 是糖尿病患者，1/3 是 IGT 人群。研究对 IGT 人群进行 6 年的生活方式干预，包括饮食干预、运动干预、饮食加运动干预。自 1992 年停止对其进行生活方式干预。对其随访 30 年之后结果显示，与对照组相比，干预组的糖尿病发病率降低了 51%；联合干预组的糖尿病发病平均延迟了 4 年，心血管事件发生推迟 4.64 年，微血管病变推迟 5.17 年，心血管疾病死亡推迟 7.25 年，全因死亡推迟 4.82 年，平均预期寿命提高了 1.44 年。

目前，中国大庆糖尿病预防研究在全球糖尿病预防研究领域仍处于国际领先地位。虽然，研究中的样本量（577 人）相对较小，但长达 30 年的随访产生了足够的终点事件和死亡，很大程度上弥补了样本量较小的缺陷。中国大庆糖尿病预防研究与美国糖尿病预防计划（diabetes prevention program，DPP）、芬兰糖尿病预防研究（diabetes prevention study，DPS），并称为世界 2 型糖尿病一级预防的里程碑式研究。30 年的随访结果是中国大庆糖尿病预防研究的一个"大结局"。这项研究取得了多个重要结果：在世界上首次证实了糖尿病是可以预防的，也是首个证明生

活方式干预可以降低 IGT 人群发生心脑血管事件和微血管病变风险的研究。研究还发现，生活方式干预能够减少 IGT 人群几近失明的视网膜病变。这一结果，在美国的 DPP 研究中也被证实。

中国大庆糖尿病预防研究开展时获得的支持经费有限，当时中国居民生活水平还较低，以李光伟为首的研究者们从研究设计到开展都付出了巨大心血。之所以选择大庆作为研究地区，是因为当时的大庆"日子过得太好了"。李光伟曾这样回忆："当时全国处于贫困之中，因为石油的勘探和开发，大庆人民的生活水平有了很大的改善，当地人就过上了工作强度低、吃得好又动得少的生活。这很可能代表了今后中国人生活的方向，是一个最好的观测点。"当时，糖尿病患病率低，人们对糖尿病的了解不够，不知道预防的重要性，甚至不配合检查。但是，研究人员坚持不懈，制作简单易懂的宣传手册，定期开展健康教育。艰辛的付出总算有了回报。作为世界上首项随机分组的糖尿病预防实验，中国大庆糖尿病预防研究首次证明了糖尿病是可以预防的。以合理饮食和增加体力活动为主要内容的生活方式干预，即为有效的预防手段。

中国大庆糖尿病预防研究的多项结果、多篇论文在世界著名医学杂志《柳叶刀》（*The Lancet*）发表，轰动世界，具有重大的公共卫生政策意义。如果能成功地在社区层面实施中国大庆糖尿病预防研究所采用的生活方式干预，将有效遏制糖尿病的蔓延并降低血管并发症风险，大大降低医疗费用。建立健康的生活方式预防糖尿病，在常规社区医疗实践中进行推广，可以带来最大的公众健康获益。

（二）案例分析

以中国大庆糖尿病预防研究为例，围绕"糖尿病的病因及影响因素、预防控制措施"设置案例讨论题目。通过讨论，让学生了解糖尿病的病因、影响因素和预防措施。另外，结合流行病学知识回顾随机对照实验的设计、结果的推论。同时，使学生了解目前我国糖尿病流行现状、我国儿童少年糖尿病流行现状。最后，通过了解中国大庆糖尿病预防研究中研究者的研究历程，培养学生吃苦耐劳、不畏艰险的精神和社会责任感。

（1）中国大庆糖尿病预防研究为什么会选择在中国大庆开展？

在当时整个中国居民生活水平还较低的国情下，中国大庆由于石油的发展，居民生活水平高于其他地区，大庆居民的饮食水平也因此有所提高，而大庆的糖尿病发病率也远高于其他地区。糖尿病高发病率和饮食结构的特殊性使得大庆成为一个很好的研究糖尿病的地点。

（2）中国大庆糖尿病预防研究的研究对象都具有哪些特征？这与糖尿病的预防控制有什么关系？

中国大庆糖尿病预防研究的研究对象在饮食上具有"吃盐多、吃肉多"的特点，肥胖率高。饮食习惯不佳以及肥胖均为糖尿病的危险因素，也是大庆糖尿病预防研究的主要干预措施。

（3）结合中国大庆糖尿病预防研究，请说出糖尿病的预防控制措施都有哪些？

预防糖尿病的"五驾马车"是指饮食控制、运动疗法、药物治疗、教育及心理治疗、自我监测。

第一，饮食控制。饮食上要进行控制，首先，需要控制好每日总热量，可以根据患者的标准体重及每天的劳动输出量计算；其次，根据每日总热量进行食物种类及量的分配。

第二，运动疗法。建议饭后1小时进行运动，每次运动时间超过30分钟，可以先以有氧运动为主，每周运动时间应该超过150分钟。

第三，药物治疗。在医生指导下，根据血糖水平及基础病的情况，选择合适的降糖药物。

第四，教育及心理治疗。建议定期接受糖尿病科普教育。

第五，自我监测。在生活干预及药物治疗后，需要监测血糖水平。通过监测血糖，可以了解目前血糖控制情况，及时做出调整。

参考文献

[1] 曹世龙. 肿瘤学新理论与新技术 [M]. 上海：上海科技教育出版社，1997：870-871.

[2] 陈燕燕，王金平，安雅莉，等. 生活方式干预对糖尿病前期人群心脑血管事件和死亡的影响：大庆糖尿病预防长期随访研究 [J]. 中华高血压杂志，2015，23（7）：700.

[3] 杜港，赵岳，夏利，等. 癌症患儿父母心理健康状况及需求的调查研究 [J]. 护理研究，2010（10）：871-872.

[4] 回园敕，王金平，何思垚，等. 非糖尿病人群胰岛素抵抗水平与远期全因死亡风险的相关性研究：大庆糖尿病预防30年随访研究 [J]. 中华内科杂志，2022，61（6）：659-663.

[5] 李春秀，孙凯. 27701例儿童住院费用分析 [J]. 中国医院统计，2008，15（1）：74-76.

[6] 李光伟，张平，王金平，等. 中国大庆糖尿病预防研究中生活方式干预对预防糖尿病的长期影响：20年随访研究 [J]. 中华内科杂志，2008，47（10）：854-855.

[7] 李肖珏，王金平，何思垚，等. 良性肥胖对2型糖尿病、心血管事件和死亡的影响：大庆糖尿病预防23年随访研究 [J]. 中华内分泌代谢杂志，2020（3）：207-212.

[8] 朴丰源. 孕期环境致癌因素暴露与儿童肿瘤诱发的相关性研究及预防策略 [J]. 大连医科大学学报，2013，35（3）：205-213

［9］日本国立癌症研究院. Center for cancer control and information services［EB/OL］.（2015-07-18）[2022-08-23]. https://www.ncc.go.jp/en/publication_report/2015/pdf/09cccis. pdf#:~:text=The%20Center%20for%20Cancer%20Control%20and%20Information%20Services，consisted%20of%20six%20Divisions%20and%20one%20Task%20Force.

［10］宋婷婷，傅晓燕，谢晓恬. 血液病或肿瘤患儿家长心理状况研究［J］. 中国小儿血液与肿瘤杂志，2013，18（6）：264-266.

［11］孙玉倩，孙秉赋，温颖娜，等. 恶性肿瘤患儿心理行为问题及家庭功能特征研究［J］. 中华行为医学与脑科学杂志，2013，22（6）：526-528.

［12］唐慧，郭鸿，曹芳，等. 2005—2015年中国0～14岁儿童恶性肿瘤流行特征研究［J］. 中国全科医学，2022，25（8）：984-989，1006.

［13］陶芳标. 儿童少年卫生学［M］. 8版. 北京：人民卫生出版社，2017.

［14］王金平，陈燕燕，巩秋红，等. 糖尿病和心血管病预防的破冰之旅：大庆糖尿病预防研究30年［J］. 中国科学：生命科学，2018，48（8）：902-908.

［15］姚垣，纪宗正. 恶性肿瘤患儿的心理行为表现［J］. 中国儿童保健杂志，2002，10（2）：123-125.

［16］周艳玲. 中国儿童恶性肿瘤防控体系研究［D］. 北京：北京协和医学院，2016.

［17］ANDERSON L M，DIWAN B A，FEAR N T，et al. Critical windows of exposure for children's health：cancer in human epidemiological studies and neoplasms in experimental animal models［J］. Environ Health Perspect，2000，108（Suppl 3）：573-594.

[18] STELIAROVA-FOUCHER E, STILLER C, KAATSCH P, et al. Geographical patterns and time trends of cancer incidence and survival among children and adolescents in Europe since the 1970s (the ACCIS project): an epidemiological study [J]. Lancet, 2004, 364 (9451): 2097-2105.

[19] ZHENG R, PENG X, ZENG H, et al. Incidence, mortality and survival of childhood cancer in China during 2000 - 2010 period: a population-based study [J]. Cancer Letters, 2015, 363 (2): 176-180.

(蔡 莉)

第十章　儿童少年传染病

第一节　课程思政教学设计

一、案例教学适用范围

本案例适用于"儿童少年卫生学"本科生和研究生课程中儿童少年传染病相关章节的教学。

二、课程教学目标

1. 知识目标

（1）熟悉传染病的基本概念，了解儿童少年传染病流行特征及流行现状，识别传染病对儿童少年健康的影响。

（2）掌握儿童少年传染病预防控制策略，掌握学校传染病预防管理方法。

2. 能力目标

（1）通过案例分析，使学生更深入地理解传染源、传播途径、易感人群、潜伏期、隐性感染者等知识点。

（2）通过案例分析，让学生认识及时识别传染病的重要性，掌握如何开展儿童少年传染病预防控制工作。

3. 价值目标

（1）通过小组案例分析的教学活动，增强学生的学习主动性、成就感和自信心，培养学生的团队协作能力。

（2）通过案例教学，让学生了解儿童少年传染病防控在促进儿童少年健康方面的重要作用，引导学生在今后的医学生涯中时刻保持对传染病的警觉性和敏感性，培养学生的爱国情怀和社会责任感。

三、教学方法

本章课程适宜采用翻转课堂教学。学生提前自学慕课和讨论案例，线下理论课程授课可充分结合教师讲授、学生听课、小组案例分析等授课形式。教师提出讨论问题，将课程教学的知识目标、能力目标和价值目标融入案例分析。实验课教学可围绕教学案例的随机化方法，让学生实际操作和完成分层区组随机化等教学内容，理论联系实际，提高学生学习的积极性和主动性。

第二节　课程思政案例及分析

一、2008—2017年中国儿童青少年法定传染病流行特点

（一）案例内容

2020年4月2日，北京大学儿童青少年卫生研究所马军和

星一团队，在医学权威杂志《英国医学杂志》（*The British Medical Journal*，简称 The BMJ）发表了文章《中国儿童青少年法定传染病流行特点——对2008—2017年全国传染病监测数据的分析》（"Infectious Diseases in Children and Adolescents in China: Analysis of National Surveillance Data from 2008 to 2017"）。该项研究由北京大学儿童青少年卫生研究所与中国疾病预防控制中心合作，利用2008—2017年中国传染病网络直报系统中国际检疫类传染病、疫苗可预防传染病、胃肠道传染病或肠道病毒引起的传染病、细菌感染类传染病、虫媒传染病、人畜共患类传染病以及血液及性传播疾病七大类44种法定传染病，对职业为学生的6~22岁儿童青少年的法定传染病的流行特点及变化趋势进行分析。

研究结果显示：传染病威胁儿童青少年健康，2008—2017年，共有4959790名学生罹患传染病。但是，学生群体中传染病的发病率和死亡率大幅度下降，法定传染病死亡率从2008年的0.21/10万下降到2015年的0.07/10万，发病率从2008年的280/10万下降到2015年的162/10万。因流行性腮腺炎和流行性感冒发病率增加，传染病发病率有所上升，2017年达到242/10万。2008—2017年，法定传染病发病和死亡模式发生改变，高致死率的国际检疫类传染病已基本消失。除流行性腮腺炎和流感外，疫苗可预防传染病的发病率持续下降，从2008年的96/10万下降到2017年的7/10万。胃肠道传染病或肠道病毒引起的传染病发病相对平稳，但伤寒/副伤寒和痢疾发病率明显下降。虫媒传染病发病率有所下降，疟疾发病率下降最为明显。人畜共患类传染病的发病率虽然处于较低水平，但存在无法预测的疫情暴发，如2009年甲型H1N1流感。肺结核仍然是危害学生健康的主要细菌感染类传染病，是导致传染病死亡的第三位原因。猩红热病例10年间翻了一倍。2011—2017年，血液及性传播疾病

（以性传播疾病为主）发病率增加明显，特别是由人类免疫缺陷病毒（human immunodeficiency virus，HIV）引起的获得性免疫缺陷综合征（acquired immunodeficiency syndrome，AIDS，又称"艾滋病"）的发病率增加了五倍，自2014年始取代狂犬病成为传染病首位死因，以高中及以上年龄男生增加为主。但是，随着我国HIV/AIDS防控力度进一步加大，2016—2017年出现增长势头被遏制的迹象。

（二）案例分析

随着我国社会经济的发展和医疗卫生条件的改善，传染病发病率和死亡率迅速下降，疾病模式发生改变。但儿童青少年因特殊的生理发育特点，以及学习、生活、习惯等特点，一直是传染病的高危人群。学生作为儿童青少年代表，其传染病流行变化趋势如何、流行模式是否发生改变，一直是值得我们关注的重点。

我国儿童青少年传染病的流行情况，2008—2017年变化趋势如何？为了进一步加强儿童青少年传染病防控工作，我们还需要做出哪些努力？

学生群体中传染病的发病率和死亡率大幅度下降。除流行性腮腺炎和流感发病率增加外，疫苗可预防传染病的发病率持续下降。2008—2017年，法定传染病发病和死亡模式发生改变，高致死率的国际检疫类传染病已基本消失。伤寒/副伤寒和痢疾发病率明显下降。虫媒传染病发病率有所下降。人畜共患类传染病的发病率虽然处于较低水平，但存在无法预测的疫情暴发。肺结核仍然是危害学生健康的主要细菌感染类传染病，是导致传染病死亡的第三位原因。猩红热病例10年间翻了一倍。2011—2017年，血液及性传播疾病（以性传播疾病为主）发病率增加明显，特别是HIV/AIDS发病率增加了五倍，自2014年开始取代狂犬病成为传染病首位死因，以高中及以上年龄男生增加为主，但随着我国 HIV/AIDS 防控力度进一步加大，2016—2017 年出现增长势头被遏制的迹象。

澳大利亚墨尔本大学青少年健康研究专家乔治·巴顿（George Patton）指出，中国儿童青少年传染病防控虽已取得巨大成就，但仍需大力推广其对麻疹、肺结核等传染病防控的成功经验，加强对西部地区传染病的防控，减少地区健康差异。此外，中国还应加强对儿童青少年青春期健康教育和性教育，并与其他国家一样需要进一步加强传染病监测及防控，积极应对新型突发传染病的威胁。

二、新冠疫情的发现：保持对传染病的警觉性和敏感性

（一）案例内容

2019 年 12 月底，还沉浸在迎接新年喜庆中的武汉，一种诡异的新型病毒开始悄然发威，事实上，此前数日，武汉多家医院已陆续收治一些不明原因肺炎患者。这其中，包括湖北省中西医结合医院。

2019 年 12 月 26 日，湖北省中西医结合医院呼吸内科主任张继先在诊治一对老年患者时，发现其胸部 CT 表现出与其他病毒性肺炎不一样的"磨玻璃样阴影"。在确认患者儿子也存在同样问题并排除常见呼吸道病原后，张继先敏锐地认识到，这可能是一种由新型病毒引起的传染病。12 月 27 日下午，张继先将情况上报湖北省中西医结合医院。医院随即上报武汉市江汉区疾控中心，疾控中心迅速开展了流行病学调查。此后两天，张继先所在科室又陆续收治了四名类似症状的患者。经调查发现，这四名患者均在华南海鲜市场工作。凭着对传染病疫情的高度敏感，医院于当日下午召集呼吸科、院感办等多部门专家讨论这七个病例

的情况并最终肯定了张继先此前的判断。当日，院方再次上报收治的此类病例。12月31日，该医院于接诊的六位患者的肺泡灌洗液标本中检出一种新型的冠状病毒。

张继先凭着对传染病疫情的高度敏感，最早发现新冠疫情苗头，并和院方一起两次将情况上报至其所在的区、武汉市和湖北省疾病预防控制中心，率先拉响了疫情防控工作警报。张继先也成为武汉疫情上报第一人。2020年2月6日，张继先受到武汉市人力资源和社会保障局、湖北省人力资源和社会保障厅、湖北省卫生健康委员会嘉奖，新华社评论张继先是"医院救治一线的'带头人'"。同年11月，张继先被评为全国先进工作者。

回顾从发现疫情到上报，张继先表示："我已经不可能做到更快了。当初，谁也想不到这个病有这么厉害。而且，当时病人数量没有那么多，谁都不知道最后会是怎样的结果。"①

（二）案例分析

在我国，不同类别的法定传染病要求在不同的规定时间内上报。这是法定传染病的主要监测手段，是早发现、控制和消除传染病的有效途径。经过2003年的严重急性呼吸综合征（severe acute respiratony syndrome，SARS），我国传染病预警系统得到较快发展，主要由传染病监测、传染病预测、传染病预警三大核心模块构成。然而，新冠疫情给各国公共卫生体系带来前所未有的冲击，对我国传染病监测预警系统及突发公共卫生事件应急响应也是一次大考。

新冠疫情发生以来，全国各级各类医疗机构坚决服从党中央统一指挥调度，主动融入防控工作大局，全力以赴抗击疫情。

---

① 《全国卫生健康系统新冠肺炎疫情防控工作先进个人——张继先》，载《党建研究》2020年第6期，第65页。

2020年1月21日，国家卫生健康委员会对疫情防控的进一步工作做出及时、全面的部署，提出一系列措施，进一步加大疫情防控工作力度，强化应对处置措施，全力保护人民群众的生命安全和身体健康。2020年2月1日，中国疾病预防控制局发布了《新型冠状病毒防控指南（第一版）》。其中，分别对老年人、儿童等特殊人员以及幼儿园（或学校）、养老院、办公场所、交通工具、公共场所、居家隔离等特定场所防控，做出明确规定。

我国传染病监测预警系统使用现况如何？有何不足？如何改进？

自2008年运行以来，传染病监测预警系统已成为基层疾控部门及时获取法定传染病报告数据以及早期探测传染病流行暴发的重要辅助手段，发挥极为重要的作用。为进一步完善传染病监测预警系统，中国疾病预防控制中心多次对预警信息的质量进行组织调查和评价。结果表明，该预警系统具有较好的应用价值。但不可否认，该预警系统的灵敏度、特异度仍然有限，错误预警和信息漏报的情况时有发生。此外，其能及时预警的疾病种类也较为有限。

新冠肺炎疫情的应对和处置显示，传染病监测预警系统主要存在四个方面的不足：①监测预警系统识别新发传染病的能力有限；②专业预警人才缺乏；③各监测主体之间信息互通不畅，存在壁垒；④预警信息发布迟滞。

改进的建议有五个方面：①拓宽监测对象，提高对新发传染病的识别能力；②加强专业人才的培养和补充，提高预警水平；③充分发挥大数据的作用，加强各监测主体之间信息的互通和共享；④完善应急预案，落实政府部门权责机制；⑤加强突发公共卫生事件应对的法制化建设。

三、顾方舟：我这一生，只做了一件事

（一）案例内容

许多人对儿时吃过的白色小"糖丸"印象深刻，但也许并不了解什么是中国脊髓灰质炎疫苗。正是那些一粒粒不起眼的小"糖丸"，帮助中国消灭了脊髓灰质炎。而这背后，是一位老人奉献一生的传奇故事。这位老人，就是"糖丸爷爷"、病毒学家、我国脊髓灰质炎疫苗研发生产的拓荒者、科技攻关的先驱者、"人民科学家"国家荣誉称号获得者——顾方舟。

脊髓灰质炎，俗称小儿麻痹症，患此病的对象主要是7岁以下的儿童。一旦得此病，儿童无法治愈，病情严重时还会危及生命。

时钟拨回1955年，小儿麻痹症在青岛、上海、济宁、南宁等地蔓延。疾病暴发之初，有的家长背着孩子跑来找顾方舟，请他救治孩子，但他束手无策。这深深地刺痛了他。当年，我国有1965万名新生儿出生。早一天研发出疫苗，就能早一天挽救更多孩子。1957年，顾方舟正式开展脊髓灰质炎研究。从此，与脊髓灰质炎打交道，成了顾方舟的毕生事业。

当时，国际上主要存在两种脊髓灰质炎疫苗。一种是灭活疫苗，也称为死疫苗，可以直接投入生产使用，但要打三到四针，每针价格几十块钱。另一种是减毒活疫苗，成本是死疫苗的千分之一，但因刚刚发明，药效、不良反应等仍是未知数。顾方舟深思熟虑，认为我国人口多、生产力欠发达，要消灭脊髓灰质炎，只能选择活疫苗。他担任组长，带领一支脊髓灰质炎活疫苗研究协作组，在昆明远郊的山中挖洞、建房，建成疫苗实验室。

疫苗在动物试验通过后，进入了更为关键的临床试验阶段。

按照顾方舟设计的方案,临床试验分为Ⅰ、Ⅱ、Ⅲ三期,其中,第Ⅰ期需要在少数人身上检验疫苗效果。面对未知风险,顾方舟义无反顾地喝下了一小瓶疫苗溶液。在经历吉凶难料的一周后,他的生命体征平稳,没有出现任何异常。但是,成人本身大多就对脊髓灰质炎病毒有免疫力,必须证明疫苗对小孩也安全才行。那么,找谁的孩子进行试验?顾方舟遇到了新的难题。他做出了一个惊人决定:瞒着妻子,给刚满月的儿子喂下疫苗!实验室的一些研究人员,也做出同样的决定——让自己的孩子参加这次试验。经历漫长而煎熬的一个月,服下疫苗的孩子们的生命体征正常!第Ⅰ期临床试验顺利通过。

1960年年底,首批500万人份疫苗在全国11个城市推广。在投放疫苗的城市,脊髓灰质炎流行高峰逐渐变弱。随着脊髓灰质炎疫情逐渐好转,顾方舟又发现新的问题:疫苗储藏存在难度、儿童不喜欢打针吃药。经过反复试验,顾方舟及其团队把打针吃药"变"成吃"糖丸",糖丸剂型比液体保存期也更长,难题迎刃而解。

1990年,全国消灭脊髓灰质炎规划开始实施。

2000年,"中国消灭脊髓灰质炎证实报告签字仪式"举行。当时,74岁的顾方舟作为代表,郑重签下了自己的名字。

从无疫苗可用到消灭脊髓灰质炎,顾方舟用40多年护佑中国儿童远离小儿麻痹症。面对如此成就,这位老爷爷却谦逊地说:"我一生只做了一件事,就是做了一粒小小的'糖丸'。"

(二)案例分析

以顾方舟发明"糖丸"为案例,围绕"我国儿童常规免疫程序及美国儿科学会推荐儿童常规免疫程序"设置讨论题目。通过讨论,让学生了解计划免疫接种对降低儿童少年传染病发生的重要作用,掌握儿童传染病各环节预防工作要点。同时,通过介绍本案例，让学生体会医学领域的创新突破对人类健康的促进作用和加强病原体监测、加快疫苗自主研发的重要性，培养学生的创新精神、爱国情怀和社会责任感。

我国儿童常规免疫程序包括哪些？

目前，我国儿童0～6岁接种的疫苗包括乙肝疫苗、口服脊髓灰质炎疫苗、百白破混合疫苗、麻腮风疫苗、甲型肝炎疫苗等。在中国，由于结核病仍处于高发水平，健康的足月新生儿出生后接种卡介苗以预防结核病。

参考文献

［1］彭韵佳，顾天成. 功勋模范丨顾方舟：我这一生，只做了一件事［EB/OL］.（2022-04-07）［2023-07-23］. http://m.news.cn/2022-04/07/c_1128540308.htm.

［2］陶芳标. 儿童少年卫生学［M］. 8版. 北京：人民卫生出版社，2017.

［3］王秉阳. 国家卫生健康委会同相关部门联防联控 全力应对新型冠状病毒感染的肺炎疫情［EB/OL］.（2022-01-22）［2022-08-23］. https://www.gov.cn/xinwen/2020-01/22/content_5471437.htm.

［4］王彤，谢青燕，韦柳芳，等. 新冠肺炎疫情下对传染病监测预警系统的思考［J］. 实用预防医学，2021，28（8）：1018-1021.

［5］DONG Y, WANG L, BURGNER D P, et al. Infectious diseases in children and adolescents in China: analysis of national surveillance data from 2008 to 2017［J］. The BMJ, 2020, 369: m1043.

（陈亚军）

第十一章 儿童少年心理卫生问题

第一节 课程思政教学设计

一、案例教学适用范围

本案例适用于"儿童少年卫生学"本科生和研究生课程中儿童少年心理卫生问题相关章节的教学。

二、课程教学目标

1. 知识目标

(1) 掌握心理卫生的概念、儿童心理健康标准、心理障碍分类等知识。

(2) 了解儿童少年心理健康素养提升策略以及儿童少年常见心理障碍及其预防控制。

2. 能力目标

(1) 通过案例分析,提高学生心理健康素养知识的知晓率。

(2) 通过案例分析,树立学生的科研意识,培养学生的基本科研素养。

3. 价值目标

（1）通过小组案例分析的教学活动，增强学生的沟通能力、成就感和自信心，培养学生的团队协作能力。

（2）通过案例教学，让学生了解心理健康素养的重要性，培养学生发展核心素养，发挥课堂教学的主渠道作用，提升高校心理育人质量。

三、教学方法

本章课程适宜采用翻转课堂教学。学生提前自学慕课和讨论案例，线下理论课程授课可充分结合教师讲授、学生听课、小组案例分析等授课形式。教师提出讨论问题，将课程教学的知识目标、能力目标和价值目标融入案例分析。

第二节　课程思政案例及分析

一、《健康中国行动——儿童青少年心理健康行动方案（2019—2022年)》

（一）案例内容

儿童青少年心理健康工作，是健康中国建设的重要内容。随着我国经济社会快速发展，儿童青少年心理行为问题发生率和精神障碍患病率逐渐上升，已成为关系国家和民族未来的重要公共卫生问题。为促进中小学健康促进行动实施，进一步加强儿童青少年心理健康工作，促进儿童青少年心理健康和全面素质发展，国家卫生健康委等12个部门于2019年12月18日印发《健康中国行动——儿童青少年心理健康行动方案（2019—2022年）》，提出到2022年底，各级各类学校要建立心理服务平台或依托校医等人员开展学生心理健康服务，学前教育、特殊教育机构要配备专/兼职心理健康教育教师。

1. 行动目标

到2022年底，实现《健康中国行动（2019—2030年）》提出的儿童青少年心理健康相关指标的阶段目标，基本建成有利于儿童青少年心理健康的社会环境，形成学校、社区、家庭、媒体、医疗卫生机构等联动的心理健康服务模式，落实儿童青少年心理行为问题和精神障碍的预防干预措施，加强重点人群心理疏导，为增进儿童青少年健康福祉、共建共享健康中国奠定重要基础。

此外，《健康中国行动——儿童青少年心理健康行动方案（2019—2022年）》明确，加强各级各类学校教师心理健康相关知识培训，到2022年底，50%的家长学校或家庭教育指导服务站点应开展心理健康教育；60%的二级以上精神专科医院设立儿童青少年心理门诊，30%的儿童专科医院、妇幼保健院、二级以上综合医院开设精神（心理）门诊；各地市设立或接入心理援助热线，各区县（自治县）设立或接入心理援助热线；利用各种资源，建立24小时公益心理援助平台，组建心理危机干预队伍；儿童青少年心理健康核心知识知晓率要达到80%。通过心理健康宣教行动、心理健康环境营造行动、心理健康促进行动等六大具体行动，促进儿童青少年心理健康和全面素质发展。

2. 具体行动

（1）心理健康宣教行动。各类媒体要对儿童青少年及家长、学校教师、教育部门管理者、教辅机构从业者等加强心理健康宣传，运用报纸、杂志、电台、电视台、互联网（门户网站、微信、微博、手机客户端）等传播心理健康知识。学校应积极组织开展心理健康促进活动，在相关场所设立心理健康公益广告牌，定期开展心理健康公益讲座，每年至少开展一次面向家长和子女的心理健康教育。各级医疗卫生机构要积极开展儿童青少年健康教育和科普宣传。

（2）心理健康环境营造行动。各级卫生健康部门要会同教育部门，倡导实施"心理滋养 1000 天"行动，共同营造心理健康从娃娃抓起的社会环境。重点关注孕产妇、2 岁以内婴幼儿及家长的心理健康状况，开展 0～6 岁儿童心理行为发育问题预警征象筛查。学校、村（居）委会、妇女联合会（简称"妇联"）、关心下一代工作委员会（简称"关工委"）、共青团等机构和组织要密切关注儿童青少年成长环境，建立完善教师或家长暴力行为、学生欺凌行为、儿童青少年受虐待和受性侵害等问题的举报渠道。新闻出版、互联网信息、广播电视等管理部门要加大对网络内容的监管力度，及时发现并清理网上与儿童青少年有关的非法有害出版物及信息。

（3）心理健康促进行动。各级各类学校及托幼机构应当普遍开展心理健康教育，制订校园突发危机事件处理预案。高等院校要主动联合精神卫生专业机构，建立稳定的心理危机干预联动协调机制，设立心理健康教育示范中心。学校应实施倾听一刻钟、运动一小时的"两个一"行动。对学生开展职业生涯规划教育，积极安排学生前往有关单位观摩体验；组织开展"绿书签"系列宣传教育活动，引导学生绿色阅读、文明上网，自觉远离和抵制有害出版物和信息。教育部门要定期开展学生心理健康状况和学校心理健康教育状况调查。

（4）心理健康关爱行动。学校要向面临升学压力的初三、高三学生及家长开展心理辅导。重点关注贫困（含孤儿等困境儿童）、留守、流动、单亲、残疾、疑似有心理行为问题或精神障碍等处境不利的学生，必要时开展心理干预。对精神障碍患者的子女开展家庭关爱教育、辅助成长。

（5）心理健康服务能力提升行动。各区县（自治县）有关部门要整合现有资源，支持医疗卫生机构提升心理健康服务能力，对躯体疾病就诊儿童青少年提供心理健康评估，为有心理问题的儿童青少年提供人文关怀、心理疏导等服务。

（6）心理健康服务体系完善行动。各区县（自治县）要加强各级各类学校心理健康服务机构的建设力度。学前教育、特殊教育机构、儿童福利机构，要及时发现学生心理健康问题，要结合特殊学生身心特点开展心理健康教育，注重培养学生多方面的心理品质。

3. 保障措施

（1）加强组织领导与部门协调。各地要建立健全部门协作、社会动员、全民参与的工作机制，明确部门职责。

（2）保障经费投入。各地根据儿童青少年心理健康工作需要和财力可能，做好资金保障工作，并加强对资金使用效益的考核。鼓励各种社会资源支持开展青少年心理健康服务。

（3）加大科学研究。各区县（自治县）卫生健康委员会、教育局等部门要依托精神卫生医疗机构、儿童福利领域服务机构、学校、科研院所等开展儿童青少年心理健康相关基础研究和应用研究。

（4）完善监测评估干预机制。各区县（自治县）卫生健康委员会等部门要依托现有资源建设儿童青少年心理健康状况数据采集平台，追踪儿童青少年心理健康状况变化趋势，为相关政策的制定完善提供依据。

（二）案例分析

以《健康中国行动——儿童青少年心理健康行动方案（2019—2022年）》为案例，围绕"儿童青少年心理卫生"设置讨论题目。通过讨论，让学生掌握：①心理卫生概述、常见儿童青少年心理卫生问题及其影响因素；②儿童青少年心理健康素养提升策略以及儿童青少年常见心理障碍及其预防控制。同时，通过案例延伸讨论培养学生的科研思维和创新意识。

围绕儿童青少年心理健康，提出一个科学研究主题。

采用横断面研究可描述儿童青少年心理健康现状、影响因素及其与学业成绩、认知水平和生活质量等的关联性；采用前瞻性队列研究可以明确儿童青少年心理健康的暴露和风险因素，及相应提升策略。

二、重大突发公共卫生事件下学龄儿童心理健康研究进展

（一）案例内容

2022年5月，一篇题为《重大突发公共卫生事件下学龄儿童心理健康研究进展》的文章，发表在《中国学校卫生》的青少年心理健康促进专栏。

2020年，新冠疫情在世界范围内大规模流行。当前，国内战疫已经取得阶段性的胜利。儿童青少年是重大突发公共卫生事件中的脆弱易感人群，后疫情时期，儿童青少年心理健康成为全世界关注的焦点。《世界儿童状况》报告指出，全球20%的青少年存在心理问题。据《中国青年发展报告》显示，我国17岁以下儿童青少年中，约3000万人受到各种情绪障碍和行为问题的

困扰。对于诸如情绪问题、品行问题、学业相关问题等心理问题高发的儿童群体，新冠疫情造成的影响可能更为严重。在新冠疫情流行期间，许多国家暂时关闭了学校，儿童青少年不能上学，不能见老师、同学，不能进行户外活动，只能隔离在家上网课，心理健康受到严重威胁。部分儿童青少年甚至会出现焦虑、抑郁等严重心理问题。此外，疫情作为重大性灾难事件，往往与创伤后应激障碍（posttraumatic stress disoroder，PTSD）密切相关。

因此，该研究重点阐述了新冠疫情期间不同国家和地区学龄儿童焦虑、抑郁和创伤后应激障碍问题的患病情况；进一步探究了影响学龄儿童心理健康的自身、家庭及社会相关因素；从国家、学校–家庭–社区和个人层面对重大突发公共卫生事件中儿童心理健康服务体系建设提出了建议。主要内容包括三个方面。

1. 重大突发公共卫生事件中学龄儿童常见心理问题

（1）焦虑：以下是基于儿童焦虑性情绪障碍筛查表（screen for child anxiety related emotional disorders，SCARED）展开的相关研究。Xie 等在 2020 年 2—3 月初采用在线问卷的调查形式，对 2330 名小学二至六年级全体在校学生焦虑状况进行评估，评分≥23 分判定为焦虑症状筛查阳性。结果发现疫情期间中国湖北省 18.9% 的学龄儿童有焦虑症状，其结果与同时期来自中国安徽省（评分≥23 分为检出阳性，19.4%）、贵州省（评分≥25 分为检出阳性，18.9%）、陕西省（评分≥25 分为检出阳性，22.0%）的几项研究结果一致。总体来讲，疫情期间我国学龄儿童焦虑症状检出率为 20% 左右。受疫情影响，学生隔离在家，集体活动减少，家庭收入降低、有限的社会资源因素均可能导致儿童出现不良心理问题。

（2）抑郁：Xie 等人运用儿童抑郁量表简版（the children's depression inventory – shortform，CDI – S）和儿童焦虑性情绪障碍筛查表（the screen for child anxiety related emotional disorders，

SCARED）分别对抑郁症状和焦虑症状进行评估，研究共有1224名儿童完成了两次调查，他们发现尽管COVID-19大流行得到了控制，但是与居家隔离期间相比，儿童开学后的心理健康不良结果的患病率显著增高，特别是抑郁症状（年龄标准化患病率：37.5% vs. 21.8%）和焦虑症状（年龄标准化患病率：24.0% vs. 19.6%）。与Duan等在中国20个省市自治区的调查结果一致。Duan等的研究采用儿童抑郁量表（the children's depression inventory，CDI）27条目版本，评分≥19分为抑郁症状筛查阳性，抑郁症状检出率为22.3%。另有研究采用儿童抑郁障碍自评量表（depression self-rating scale for children，DSRS）（评分≥15分为检出阳性）对儿童抑郁症状进行考察，发现贵州省儿童抑郁症状检出率为11.8%，与王悦等在陕西省调查的结果类似（10.4%）（评分≥15分为检出阳性）。同时，在2020年2—3月疫情暴发期间，有两项研究采用了抑郁焦虑压力量表（depression anxiety and stress scale，DASS-21）筛查量表对学龄儿童抑郁症状进行评估，结果发现中国上海市儿童抑郁症状检出率为19.7%（抑郁量表评分≥10分为检出阳性）。总体来讲，疫情期间我国学龄儿童抑郁症状检出率为17%左右。

（3）创伤后应激障碍：Ma等在中国27个省市自治区采用事件影响量表修订版（impact of event scale-revised，IES-R，划界分为20分）对668名7～15岁儿童进行心理健康调查，发现20.7%存在创伤后应激障碍（PTSD）症状。Xu等人使用儿童事件影响量表（children's impact of event scale questionnaire，CRIES-13）调查了中国四川、江苏、河南、云南和重庆的学生创伤后应激障碍（post-traumatic stress disorder，PTSD）症状。结果显示在7769名学生中，639名学生（21.1%）存在严重的心理应激反应。高中生中有较大比例（23.3%）存在严重的心理压力，且他们的CRIES-13总分中位数最高。女生更有可能经历严重的心理压力,并且比男生的 CRIES-13 总分中位数更高。新冠疫情给中国中小学生带来了心理压力。这些压力在女生和高中生中更有可能达到严重的水平。

2. 重大突发公共卫生事件中学龄儿童心理健康的影响因素

(1) 儿童相关因素:性别、体育锻炼、睡眠问题、对疫情的关注程度、新冠患者接触史、担心自己感染新冠病毒等因素均会影响儿童心理健康。

(2) 家庭相关因素:父母心理健康、家庭教育方式、家庭结构、亲子关系等均会影响儿童心理健康。

(3) 其他社会因素:城乡居住情况、家庭经济状况、父母工作是否有保障、是否参加线上心理疏导、居住地区疫情严峻程度、政府对儿童心理健康重视程度、专职心理健康教育教师占比、教育资源分布等因素均会影响儿童心理健康。

3. 重大突发公共卫生事件中儿童心理健康服务体系建设的启示

(1) 国家层面:在新冠疫情防控过程中,从中央到地方各级政府部门迅速应对,多次出台对儿童心理支持的相关文件,开通儿童心理援助专线,进行儿童群体线上心理疏导工作,以上工作均取得了一定成效,但应注意资源均等化及提高对特殊儿童的重视程度。

(2) 学校-家庭-社区层面:疫情期间,学校可通过视频会议、在线小组活动等方式满足学生与同伴间的社交需求,开展线上心理健康讲座、成立心理辅导小组,精准掌握学生的心理健康状况,同时引导家长参与学生心理健康教育工作。家庭关系是儿童青少年重要的社会支持,提高父母心理健康水平、保持亲密的亲子关系、采用正确的育儿方式均有助于促进儿童的心理健康发展。社区能较早发现儿童及其家庭存在的各种问题,给有需要帮助的家庭提供针对性的服务,进一步为儿童的发展创造良好的微观环境。

（3）个人层面：儿童作为自己情绪管理的第一责任人，要识别和接纳自己的情绪，采用正确的途径和方式稳定情绪，坚持日常体育锻炼、保证充足睡眠等均有助于情绪和压力的排解，同时减少对疫情的关注程度，避免信息过载带来的心理负担，如有困扰，及时向同伴、父母、老师倾诉，学会表达，获取心理支持。

（二）案例分析

以《重大突发公共卫生事件下学龄儿童心理健康研究进展》为案例，围绕"儿童少年心理卫生"设置讨论题目。通过讨论，让学生掌握生长发育程序性和时间性的概念，了解社会环境对儿童生长发育的影响。同时，通过案例延伸讨论，培养学生的科研思维和创新意识。

（1）阐述突发公共卫生事件下儿童少年常见心理卫生问题。

在内外环境的刺激下，当身体自身应对能力不能满足客观要求时会产生一种适应性紧张状态，即为心理应激状态，由此产生一系列认知、情绪、行为和生理的改变，应激反应的轻重、强弱因人而异。因此，儿童少年在突发公共卫生事件下会产生焦虑、抑郁、创伤后应激障碍、急性应激障碍、适应性障碍等问题。

（2）结合案例分析探讨重大突发公共卫生事件中儿童少年心理健康的影响因素？

重大突发公共卫生事件中儿童少年心理健康的影响因素主要包括三个方面的因素。①儿童相关因素：性别、体育锻炼、睡眠问题、对疫情的关注程度、新冠患者接触史、担心自己感染新冠病毒等因素均会影响儿童心理健康。②家庭相关因素：父母心理健康、家庭教育方式、家庭结构、亲子关系等均会影响儿童心理健康。③其他社会因素：城乡居住情况、家庭经济状况、父母工作是否有保障、是否参加线上心理疏导、居住地区疫情严峻程度、政府对儿童心理健康重视程度、专职心理健康教育教师占比、教育资源分布等因素均会影响儿童心理健康。

（3）围绕儿童少年心理卫生，提出一个突发公共卫生事件下心理健康促进计划。

家庭环境：家庭关系是儿童少年重要的社会支持，一方面，只有良好的成人行为才能给儿童行为带来积极影响，如维持家庭关系的和谐稳定。另一方面，儿童的行为也影响着成人的行为。双方积极的反馈才可促进儿童在家庭环境中的健康成长。

社会相关机构：儿童保健相关部门应积极应对突发公共疫情，开展知识宣传、开通心理援助专线，确保儿童在疫情期间能得到正常的保健服务，达到一级预防目标，尽早发现可疑问题。

个人：坚持适当的体育锻炼，养成良好的睡眠习惯，也能帮助儿童少年在一定意义上增强抵抗力，防御病毒的感染。

参考文献

［1］国家卫生健康委，中宣部，中央文明办，等. 关于印发健康中国行动：儿童青少年心理健康行动方案（2019—2022年）的通知［EB/OL］.（2019-12-27）［2022-08-20］. https://www.gov.cn/xinwen/2019-12/27/content_5464437.htm.

［2］贾丽媛，黄雪雪，薛艳妮，等. 中学生心理健康素养及童年期虐待与饮酒行为的关联［J］. 中国学校卫生，2022，43（5）：648-652.

［3］刘琦，谢新艳，朱凯恒，等. 重大突发公共卫生事件下学龄儿童心理健康研究进展［J］. 中国学校卫生，2022，43（5）：679-684.

［4］陶芳标. 儿童少年卫生学［M］. 8版. 北京：人民卫生出版社，2017.

[5] 王悦, 杨媛媛, 李少闻, 等. 新型冠状病毒肺炎流行期间居家儿童青少年抑郁情绪调查及影响因素分析 [J]. 中国儿童保健杂志, 2020, 28 (3): 277-280.

[6] 朱敏, 廖友国, 陈敏. 新时代大学生心理健康素养的内涵、功能与提升路径 [J]. 锦州医科大学学报, 2022, 20 (3): 46-49.

[7] DUAN Li, SHAO Xiaojun, WANG Yuan, et al. An investigation of mental health status of children and adolescents in China during the outbreak of COVID-19 [J]. Journal of Affective Disorders, 2020 (275): 112-118.

[8] MA Zhongren, IDRIS S, ZHANG Yinxia, et al. The impact of COVID-19 pandemic outbreak on education and mental health of Chinese children aged 7-15 years: an online survey [J]. BMC Pediatr, 2021, 21 (1): 95.

[9] XIE Xinyan, LIU Qi, ZHU Kaiheng, et al. Psychological symptom progression in school-aged children after COVID-19 home confinement: a longitudinal study [J]. Frontiers in Psychiatry, 2022 (13): 1-9.

[10] XIE Xinyan, XUE Qi, ZHOU Yu, et al. Mental health status among children in home confinement during the coronavirus disease 2019 outbreak in Hubei province, China [J]. JAMA Pediatr, 2020, 174 (9): 898-900.

[11] XU Hanmei, ZHANG Hang, HUANG Lijuan, et al. Increased symptoms of post-traumatic stress in school students soon after the start of the COVID-19 outbreak in China [J]. BMC Psychiatry, 2021, 21 (1): 330.

(静 进)

第十二章 儿童少年伤害和暴力

第一节 课程思政教学设计

一、案例教学适用范围

本案例适用于"儿童少年卫生学"本科生和研究生课程中儿童少年伤害和暴力相关章节的教学。

二、课程教学目标

1．知识目标

（1）掌握儿童少年伤害（非故意伤害、故意伤害）、暴力的概念。

（2）熟悉儿童少年伤害、暴力的影响因素、危害及预防。

（3）了解儿童少年伤害、暴力相关的法律法规。

2．能力目标

（1）通过案例分析，让学生能够掌握儿童少年伤害（非故意伤害、故意伤害）、暴力等基本概念。

（2）通过案例分析，让学生能够熟悉了解儿童少年伤害、暴力的影响因素、危害及预防和相关法律法规。

3. 价值目标

（1）通过小组案例分析的教学活动，增强学生的学习主动性、成就感和自信心，培养学生的团队协作能力。

（2）通过案例教学，让学生了解儿童少年卫生学在医学研究中的重要作用，树立学生的学术道德和规范意识，培养学生的爱国情怀和社会责任感。

三、教学方法

本章课程教学适宜采用线下理论课程授课模式，可充分结合教师讲授、学生听课、小组案例分析等授课形式。教师提出讨论问题，将课程教学的知识目标、能力目标和价值目标融入案例分析。

第二节　课程思政案例及分析

一、石家庄栾城区第五中学校园霸凌暴力事件

（一）案例内容

近年来，校园暴力事件在世界各国层出不穷，给学生的身心健康发展带来严重影响。随着信息社会的不断发展，大量有关校园欺凌与暴力事件的报道频现网络、电视、报纸等媒体平台，受到人们的广泛关注并一度成为社会热点。诸如下述校园欺凌与暴力事件，其手段的残忍性与后果的严重性令人发指、发人深思。

2019年6月6日，一段标题为《石家庄栾城五中发生校园

霸凌暴力事件》的视频在网上热传。视频中，三名身穿校服的女生正在欺凌另一名女生。被打女生不仅遭受拳打脚踢，而且被逼下跪。① 6月9日，栾城区第五中学发布说明，称受欺凌学生的家长已报警。

石家庄市栾城区公安局接到报警后，第一时间进行受案调查并发布情况通报。2019年6月9日13时许，栾城区公安局城区分局接房某报警称，其女儿于2019年6月6日下午放学后在校外被同学殴打。接警后，民警立即对报警人的女儿房某某进行了询问并受案调查，同时通知学校带领三名涉案人员在家长陪同下到公安机关接受询问。经查，6月6日17时许，石家庄市栾城区第五中学学生房某某（女，14岁）因言语纠纷被同校学生杨某某（女，13岁）、王某某（女，13岁）、赵某某（女，13岁）三人殴打。到案后，杨某某、王某某、赵某某三人认识到自己的严重错误，在家长陪同下对房某某及其家长进行了赔礼道歉，并取得了对方的谅解。目前，栾城区公安局城区分局已依法对杨某某、王某某、赵某某等三人进行了批评教育，并责令监护人对其严加管教，同时对栾城区教育局、栾城区第五中学下发督促整改建议书，切实加强学校和学生的教育管理，杜绝类似案件发生。②

（二）案例分析

以石家庄栾城区第五中学校园霸凌暴力事件为案例，围绕"儿童少年故意伤害、暴力的概念、危害、影响因素及预防措

---

① 参见凤凰网视频《石家庄栾城五中发生校园霸凌暴力事件》，见新浪微博（https://weibo.com/1806128454/Hy87Ut8A9）。
② 参见任利《石家庄栾城五中校园欺凌事件最新通报：打人女生向被打女生赔礼道歉取得谅解》，见《燕赵都市报》百家号官方账号（https://baijiahao.baidu.com/s?id=1636185915440840480&wfr=spider&for=pc）。

施"设置讨论题目。通过讨论，让学生了解儿童少年伤害、暴力相关的法律法规。同时，通过讨论前、后对案例背景的介绍，让学生体会为儿童少年打造平安、和谐的校园环境的重要性，培养学生的同理心和社会责任感。本章课程希望从学校层面及国家层面出发，探究校园欺凌与暴力和学校德育、国家法治工作之间的联系，为学校有效防治儿童少年欺凌及暴力事件提供可行的德育对策和法律法规，力图将校园欺凌及暴力扼杀于摇篮，为学生的健康成长奠定基础。

（1）此事件对欺凌者和被欺凌者各有什么不良影响？

对欺凌者而言，因欺凌他人而获得一种畸形的满足感，由此形成错误观念并逐渐强化自身欺凌行为，久而久之，形成攻击型人格。这不仅给个人成长带来严重危害，而且危及社会稳定与安全。

对被欺凌者而言，不仅在身体上受到严重创伤，而且会留下心理阴影，产生焦虑、抑郁、低自尊等消极情绪，更甚者出现厌学、自杀等倾向。

（2）对于此类校园欺凌与暴力事件，请同学们讨论有哪些预防及解决方案。

预防及解决方案可以从政府及学校两个层面进行思考：

第一，政府层面。2016年5月，国务院教育督导委员会办公室发布了《关于开展校园欺凌专项治理的通知》，明确要求各地中小学（含中等职业学校）对发生在学生之间的校园欺凌进行专项治理。同年11月，教育部等九部门联合颁发了《关于防治中小学生欺凌和暴力的指导意见》（简称《意见》）。《意见》指出，各地中小学要着力从积极预防、依法处置、形成合力三个方面，有效预防和处理校园欺凌问题。2017年11月，教育部等十一部门又发布了《加强中小学生欺凌综合治理方案》。该方案首次对校园欺凌的概念做了明确、具体的界定，提出要建立健全校园欺凌的综合治理长效机制。一系列政策文件的发布,表现了国家对校园欺凌问题的密切关注和高度重视。

第二,学校层面。首先,学校应把学生的生命安全放在首位,要切实肩负起教育管理的责任,采取有效措施防范校园暴力。其次,学校应将宣传教育工作作为重点,经常对学生进行青少年保护相关法律知识教育。除此之外,学校还应加强青少年学生心理知识教育和心理技能训练,提高学生的处世经验和应对能力。

二、5·12 陕西南郑幼儿园凶杀案

(一) 案例内容

2010年5月12日上午8时左右,陕西省南郑县圣水镇林场村一私人幼儿园发生凶杀案。48岁的村民吴某某持菜刀闯入该村幼儿园,致使7名儿童和2名成年人死亡,另有11名学生受伤,其中2名儿童伤势严重。犯罪嫌疑人吴某某行凶后返回家中自杀身亡。①

2010年5月13日下午5点,陕西省汉中市召开第二场新闻发布会,汉中市公安局副局长、新闻发言人李振峰,就南郑县圣水镇林场村幼儿园恶性凶杀案侦破情况进行通报。通报称,犯罪嫌疑人因患病对生活失去信心产生了自杀和报复他人的念头,并将怨恨指向吴某,遂于2010年5月12日8时20分许持刀进入吴某私办的幼儿园,将吴某、苏某和18名幼童砍伤,后返回家中畏罪自杀。

---

① 参见杨一苗、梁娟《陕西南郑幼儿园发生凶杀案7名儿童2名成人死亡犯罪嫌疑人自杀身亡》,载《洛阳日报》2010年5月13日第7版。

据警方现场勘查和调查走访，犯罪嫌疑人吴某某（男，汉族，生于1962年12月5日，初中肄业，为陕西省南郑县圣水镇林场村4组村民）身患多种疾病，多次医治未见好转，对治疗失去信心，思想压力大。吴某某患2型糖尿病、前列腺炎等疾病，并于2010年3月做了阴茎包皮环切手术，思想极度焦虑、担忧，内心恐慌。患病后，吴某某曾多次在家人面前流露出轻生想法，并写有轻生及有关后事话语的字条，而且于2010年4月下旬两次自杀未遂。

另据警方通报，犯罪嫌疑人吴某某信奉迷信，疑神疑鬼，认为自己的病多次医治不见好转，是因为租住自己房子私办幼儿园的吴某将出现在房内的蛇打死，并从中"施法捣鬼"，给自己带来病患。为此，吴某某还在家烧香求神，贴符驱鬼。①

事件发生后，陕西省市各级部门都提出了全面排查幼儿园安全隐患的要求，全力落实各项安保措施，进行安全宣传及培训，排查隐患。

（二）案例分析

近几十年来，伤害已是各国不容忽视的公共卫生问题，儿童伤害更是如此。据WHO 2008年报告，伤害和暴力是全球范围内导致儿童死亡的主要原因。每年因伤害和暴力死亡的18岁以下儿童少年人数约为95万，相当于每小时有一百余名儿童无辜死去。在这些死亡人数中，非故意伤害所占比例为将近90%。《中国伤害状况报告（2019）》显示：2017年，我国人群伤害总死亡率为47.32/10万，伤害导致的死亡人数约65.78万人，占全部人群死亡总数的7.19%。其中，1~4岁和5~14岁儿童人群

---

① 参见冀楠《陕幼儿园凶案9死11伤：嫌犯患多种疾病曾2次轻生》，见中国新闻网（https://www.chinanews.com/gn/news/2010/05-13/2281330.shtml）。

的伤害导致死亡人数占比为 46.28% 和 48.59%，均高于该年龄组儿童的其他各类疾病致死率。① 与此同时，伤害造成的经济和社会负担也是巨大的。教师在分析案例前，可以先向学生讲解伤害的分类及不同类型的特点。分析案例后，教师可把重点放在伤害的高危人群、带来的不利影响及预防控制措施的讲解上。

（1）从行为目的出发，伤害的类型有哪些？

伤害分为故意伤害和非故意伤害。故意伤害和非故意伤害的界限，是在主观态度当中是故意还是过失。故意伤害罪与非罪的界限，重点应把握故意伤害与一般殴打行为的界限。故意伤害是指伤害他人身体健康的行为，表现为两种情况：一种是对人体组织完整性的破坏；一种是对人体器官机能的损害。而一般的殴打行为，通常只造成人体暂时性的疼痛或神经轻微受伤，并不伤及人体的健康。当然，殴打行为不伤及人体的健康并非绝对，而只能是相对而言的。例如朝人鼻子打一拳有可能造成鼻青脸肿的后果；用手抓一下皮肤也可能造成表皮损伤。但这种行为都不属于犯罪，不能以故意伤害罪论处，而只能依照治安管理条例予以行政处罚。

（2）伤害的高危人群有哪些？

留守儿童、单亲家庭的儿童、年龄小或低年级的儿童、农村儿童、家庭不和睦的儿童、缺乏父母管教的儿童、外来务工人员的孩子等。

（3）伤害有哪些不利的影响？

伤害是威胁劳动力人口健康与生命的主要原因，也造成了巨大的社会经济负担。在中国，每年因伤害导致的潜在生产力损失年数（potentially productive years of life lost，PPYLL）达 1260 万

---

① 参见国家卫生健康委员会疾病预防控制局等《中国伤害状况报告（2019）》，人民卫生出版社 2019 年版。

年,超过呼吸系统疾病、心血管疾病、肿瘤或传染性疾病任何一组疾病的总和。据学校儿童伤害调查估计,我国每年至少有4000万名中小学生发生伤害,其中,1360万名儿童会到门诊或急诊科就医,335万名儿童需要住院进行治疗。估计每年有120万名儿童因伤害而导致部分肢体功能障碍,40万名儿童因伤致残。每年因学生伤害导致直接经济损失约合30亿元人民币,导致缺课2.6亿天。

(4)伤害的预防控制措施有哪些?

伤害的预防控制措施包括健康教育、改善环境、改进和加强执法、改变行为、及时救治等,抓好这些措施可以避免伤害的发生或改善结局。在儿童非故意伤害预防工作中,还应改变父母消极的教养方式,多给予儿童情感上的温暖和理解、关心和谅解,从而减少儿童非故意伤害及倾向的发生。

参考文献

[1] 5·12陕西南郑幼儿园凶杀案[EB/OL]. (2019-06-13) [2022-10-20]. https://baike.baidu.com/item/5%C2%B712%E9%99%95%E8%A5%BF%E5%8D%97%E9%83%91%E5%B9%BC%E5%84%BF%E5%9B%AD%E5%87%B6%E6%9D%80%E6%A1%88/1646229?fr=aladdin#reference-[4]-3604670-wrap.

[2] 教育部. 教育部等九部门提出关于防治中小学生欺凌和暴力的指导意见[J]. 基础教育参考,2016 (23):80.

[3] 任利. 石家庄栾城五中校园欺凌事件最新通报:打人女生向被打女生赔礼道歉取得谅解[EB/OL]. (2019-06-13) [2022-10-20]. https://baijiahao.baidu.com/s?id=1636185915440840480&wfr=spider&for=pc.

[4] 姚建龙. 防治学生欺凌的中国路径:对近期治理校园

欺凌政策之评析［J］. 中国青年社会科学，2017，36（1）：19 - 25.

［5］KRUG E G, SHARMA G K, LOZANO R. The global burden of injuries［J］. American Journal of Public Health，2000，90（4）：523 - 526.

［6］World Health Organization. World report on child injury prevention.［EB/OL］.（2008 - 10 - 03）［2022 - 10 - 22］. https://www.who.int/publications/i/item/9789241563574.

（金　宇）

第十三章　学校卫生服务与卫生监督

第一节　课程思政教学设计

一、案例教学适用范围

本案例适用于"儿童少年卫生学""现代儿童少年卫生学"本科生和研究生课程中学校卫生服务与卫生监督相关章节的教学。

二、课程教学目标

1. **知识目标**
（1）掌握儿童少年卫生服务、学校卫生监督的基本内涵。
（2）熟悉儿童少年卫生服务的要点。

2. **能力目标**
（1）通过案例分析，让学生能够把握学校卫生监督工作的主要职责及内容。
（2）通过案例分析，让学生能够使用学校卫生综合评价在卫生监督中进行综合应用。
（3）通过案例分析，让学生能够掌握学校卫生监督的基本程序。

3. **价值目标**

（1）通过小组案例分析的教学活动，增强学生的学习主动性、成就感和自信心，培养学生的团队协作能力。

（2）通过案例教学，让学生了解儿少卫生服务与卫生监督在健康促进工作中的重要作用，树立学生的卫生服务与监督道德和规范意识，激发学生的创新精神，培养学生的爱国情怀和社会责任感。

三、教学方法

本章课程采用参与式、以结果为导向、理论与实践相结合及技术能力与心理准备相结合等多种教学模式，诱导学生历经听、看、想、说、做等认知和执行过程，帮助学生熟悉学校卫生服务与卫生监督等相关知识及技能。将课程教学的知识目标、能力目标和价值目标融入案例分析，激励学生思考、发现、做出结论、制定策略、执行、评估、完善，理论联系实际，提高学生学习的积极性和主动性。

第二节　课程思政案例及分析

一、加强学校结核病防控监督工作

（一）案例内容

近年来，在我国法定传染病报告信息系统中，每年报告的肺结核患者数居甲、乙类传染病的第二位，报告发病率逐年下降。

学生肺结核报告发病率约为全人群报告发病率的1/3，整体呈下降趋势。有研究发现，2004—2021年，全国学生肺结核疫情总体呈平稳下降趋势，2016年开始小幅回升，与全人群肺结核疫情逐年下降的趋势不同。从2017年起，各级各类教育机构纷纷开始重视学校结核病防控，通过完善新生入学结核病检查，关口前移，把好入校关；疾病预防控制机构利用国家"传染病自动预警信息系统"提高对学龄段患者的监测灵敏度，以便尽早开展相关筛查；医疗机构运用分子生物学检测技术，开展诊断复核，提高了诊断质量和效率。以上手段均在一定程度上加大了学生患者发现力度。肺结核报告发病率2019—2021年较2018年逐年下降，但学生人群降幅（17.94%）低于全人群（22.32%）。从人群分类来看，学生肺结核报告发病数约占全人群报告发病数的4%～6%，仅次于农民、工人和离退休人员中的患者数。从报告年龄来看，15～24岁年龄组约占学生报告发病总数的85%，即高中生、专科生和本科生发病数较多，尤其是18岁左右年龄组所占比例最高。从报告时间来看，3—4月、9月为学生患者报告发病高峰。

我国报告了多起学校结核病突发公共卫生事件，呈现以下特点：一是以寄宿制学校为主；二是以高中学校居多；三是病原学阳性肺结核患者比例低；四是低疫情地区的突发事件多发生在高疫情地区学生生源多的学校。此外，还出现了耐多药肺结核校内传播引起的突发事件。

学校结核病防控要在地方政府的领导下，按照属地化管理、联防联控、预防为主的工作原则，卫生健康、教育等行政部门密切配合，将学校结核病防控工作统筹纳入当地的传染病防控工作规划，共同监督、指导辖区内各级各类医疗卫生机构和学校做好结核病防控工作，形成职责明确、各司其职的学校结核病防控工作格局。

（二）案例分析

我国是全球结核病高负担国家，虽然近年来疫情逐年下降，但由于人口基数大，人群感染率高，每年新发结核病患者数仍较多。学生由于学习负担重、免疫系统仍在发育过程中、卡介苗的保护效力有限等因素，感染结核分枝杆菌后容易发生结核病。校园内人群密集，一旦存在传染源，容易造成疾病传播。因此，学生是结核病发病的重点人群之一。

（1）结核病具体的防控措施有哪些？

第一，强化日常防控措施，做好疾病预防工作。建立学校结核病防控工作责任制；将结核病检查项目作为新生入学体检和教职员工常规体检的必查项目；对学生和教职员工开展结核病防控知识的健康教育，增强自我防护意识，减少对结核病患者的歧视；对校医、班主任及班级卫生员等相关人员进行结核病防控知识培训，提高对结核病的识别能力；改善校园环境卫生，加强聚集性场所的通风换气；开展晨检、因病缺勤病因追查及登记工作；对发现的学校肺结核患者和疑似患者依法依规及时报告；主动监测和分析学校肺结核疫情。

第二，及时处置散发疫情，防止疫情蔓延扩散。对学校肺结核患者进行诊断、报告、登记、治疗管理和随访检查，严格按照要求对患者进行休（复）学/休（复）课管理。发现学校肺结核病例后，立即开展现场调查处置，采取接触者筛查、患者治疗管理、疑似患者隔离、预防性治疗、环境消毒等一系列措施防止疫情蔓延。

第三，做好应急能力储备，及时有效应对突发疫情。强化联防联控工作机制，保障人员、经费、物资配备，建立完善应急处置预案，提高应急队伍处置能力。在第一时间完成疫情现场调查处置后，及时研判疫情风险，确认为突发公共卫生事件后及时上报,并规范开展各项应急处置工作,尽一切力量降低疫情危害及其不良影响。

(2) 在结核病防控工作中,学校的具体职责是什么?

第一,承担学校结核病防控主体责任,建立一把手负总责、分管领导具体抓的防控工作责任制,并将责任分解到部门、落实到个人。

第二,按照国家规定成立校医院、医务室(保健室/卫生室),由专人负责学校结核病防控工作,明确结核病疫情报告人。

第三,根据教育行政部门的部署,在卫生健康部门的指导下,制订并实施学校结核病防控工作计划。

第四,做好学生和教职员工肺结核患者报告、登记、转诊和追踪记录。

第五,在疾病预防控制机构指导下,积极开展学校结核病防控知识的健康教育与健康促进工作。

第六,按照相关规范和标准,切实改善教学和生活环境,保障学生学习和生活的人均使用面积;加强教室、宿舍、图书馆等人群聚集场所的通风换气,保持室内空气流通;做好校园环境的清扫保洁。

第七,将结核病检查项目纳入学校新生入学体检和教职员工常规体检的必查项目,组织实施并上报结果。

第八,做好日常晨检、因病缺勤病因追查及登记等工作,及时、规范地向辖区疾病预防控制机构报告学校结核病疫情信息。

第九,配合疾病预防控制机构开展接触者筛查及后续处置工作。

第十,在疾病预防控制机构的指导下,对在校治疗的肺结核患者和接受预防性治疗的学生进行服药管理。

二、校园食品安全问题

（一）案例内容

2023年6月1日，网络上出现标题为《江西某高校饭菜中疑吃出老鼠头》的视频。视频画面清晰地显示饭菜中有一黑色异物，异物上面有类似动物的牙齿。视频中，该学生把此事告诉了食堂工作人员，但对方回应称该物是鸭脖。6月2日，学校食堂承包餐饮公司回应，已经看到视频，会去调查核实处理。6月3日，江西工业职业技术学院（简称"江西工职院"）官方微博发布情况通报，称饭菜中的"异物"经当事人确认为鸭脖。另外通报还称，南昌市高新区市场监督管理局接到情况报告后，第一时间派出执法人员到该校开展调查，问询学校工作人员、食堂负责人、当事学生及相关知情人，对食品留样进行采样检测。另据江西当地媒体报道，南昌市高新区市场监督管理局工作人员表示，昌东分局执法人员第一时间赶到现场，反复对比确认该"异物"就是鸭脖。随即当事学生也再次发了一则视频澄清，表示自己看错了，确定该"异物"是鸭脖。6月4日，南昌市高新区市场监管局昌东分局局长江协学在接受媒体采访时表示，经监管员反复对比，初步认定"异物"为鸭脖。6月7日，江西教育厅职业教育与成人教育处工作人员接受媒体采访表示，已经介入该事件。6月8日，江西工职院的学生表示，又在饭里吃出了大青虫。随后，又有不少类似的视频曝出，表示涉事食堂饭菜出现异物已属常态化。6月10日，江西工职院"6·1"食品安全事件联合调查组发布情况通报，称江西省已经成立了由省教育厅、省公安厅、省国有资产监督管理委员会、省市场监督管理局组成的联合调查组，会及时向社会公布调查处理情况。6月17日，联合调查组通报调查结论，确认异物为老鼠类啮齿动物头部。

（二）案例分析

食品安全重于泰山，校园食品安全更是事关社会稳定的重点。近年来，校园食品安全形势总体稳定向好，但仍出现不少校园食品安全突发问题。究其原因，当今校园内的食品经营主体构成复杂，包括学校自主经营的窗口，对外发包及外部投资商铺等，食品安全风险得不到有效评估；一些学校对校园食品安全监管不够重视，没有建立科学的安全管理制度和专业的管理人才队伍，食品安全监管制度的落实存在偏差；在食品安全工作开展过程中，相关人员常面临利益冲突和不良诱惑的影响。这些问题都表明应当加强相关人员的思想政治工作，全面强化校园食品安全管理体系，提升校园食品安全保障能力。

在"鼠头鸭脖"事件中，食堂承包餐饮公司以及高校面对学生餐盘里的鼠头，没有第一时间出来承担责任，并调查清楚和说明饭菜中混入鼠头的整个过程，进行道歉和赔偿，而是矢口否认，"指鼠为鸭"，甚至南昌市高新区市场监督管理局也纵容此种行为。这说明相关人员理想信念滑坡，没有树立良好的职业操守、没有保持高度的思想政治素养。

围绕这个案例设置讨论题目，让学生体会思想政治工作在校园食品安全管理中的重要性，讨论学校避免食品安全问题、促进学生健康发展可采取的措施。

（1）思想政治工作在校园食品安全管理中可以发挥什么作用？

第一，树立宗旨意识，自觉抵制不良风气。学校开展食品安全管理工作要树立为人民服务的意识，全力保障校园食品安全。利益冲突、收贿受贿等不利因素一直存在，首先要从人的思想意识这个源头上来解决因人为因素而导致的食品安全问题。对校园食品安全的从业者来说，开展思想政治工作能够帮助其提升精神素养、坚定理想信念，自觉约束自身行为，从而对校园食品安全问题起到有效示范作用，保证校园食品的安全管理。扎实有效的思想政治工作能够使校园食品安全管理各环节的每个人都自觉增强安全意识，认识到自身对食品安全、师生健康、社会风气所承担的责任，从根本上抵制社会不良风气，为学校营造安全的就餐环境，为社会树立良好的校园形象。

第二，完善制度建设，推动管理体制改革。随着时代发展与社会变迁，食品行业的经营模式、经营手段不断变化，而食品安全监管法律法规、食品安全标准、食品安全监管手段等具有一定的时效性。为了确保校园食品安全管理工作能够与时俱进、稳步开展，打通工作环节中的堵点和遗漏点，切实有效地解决校园食品安全管理中存在的问题，相关部门需要重视食品安全管理体系和人才队伍建设，利用思想政治工作的引导作用，自觉以时代的视角审视当前校园安全管理工作中遇到的问题；促进校园食品安全管理制度的不断更新与完善，建立食品安全信息追溯体系、安全监测与风险预警体系、应急管理机制与监督投诉机制，做到食品安全问题有据可循、提前防范、投诉有门、科学处理。

第三，强化制度落实，形成合力齐抓共管。校园食品安全监管既要强化学校作为第一责任人的意识，也要推动各方齐抓共管。一方面，学校要在思想政治工作的引导下，规范食品物资供货采购、入库登记、加工存储等流程，环环落实责任，层层验收把关，保证食品安全制度有效落地执行；另一方面，学校要加强对教职工、学生等消费主体的思想政治工作，强化各方食品安全意识与维权意识，拓宽监督举报渠道，加大对违反食品安全管理法律法规行为的打击力度，推动校园食品安全水平全面提升，构建良好的校园食品安全秩序。

（2）学校可以采取哪些措施避免出现食品安全问题？

第一，学校可将食品安全问题融入相应的教材内容中，增强学生对食品安全问题的认知。目前，许多学生的食品安全意识与维权意识较为薄弱，对于食品安全与营养知识了解不多，在购买到"三无"产品、过期产品时通常选择退让，缺乏维权意识。为了增强学生对食品安全问题的认知，从学生层面避免食品安全问题的发生，学校应对教材中的食品安全问题进行扩充。例如将食品安全知识分阶段、分模块设置到具体的教育内容中，同时结合主题班会、实践活动等多种形式让学生掌握食品安全知识。教师也要将食品安全教育融入课堂教学中，通过日常的食品安全宣讲，提高学生的食品安全常识与基本辨别能力，促使学生能充分认识到"三无"产品、过期产品的危害性，引导学生关注日常生活中发生的食品安全问题。

第二，学校要加强校内食堂与超市的监督管理。首先，学校应加大学校食堂、超市的基础建设力度，同时对学校的相关食品部门、食堂工作人员开展食品安全培训，提高其食品安全意识，确保学生的饮食安全。其次，学校应建立校内食品安全监督管理体制，校长为食品安全第一责任人，将责任具体落实到管理部门与后勤部门的每个工作人员身上，并建立校内的食品安全项目定期监督检查、隐患排查等机制。最后，学校应建立校园突发食品安全问题应对机制，对校内突发食品安全问题做出紧急预案，包括责任分配、救援措施、联系家长、病原保护、责任追究等，确保紧急情况下工作人员能够处理得当，最大限度降低损失与影响。

第三，社会方面要加强对食品安全问题的关注，从多个角度助力学生健康成长。首先，市场监督部门要不断强化日常监督，加强对校园食品安全问题的日常检查，在发现风险隐患时立即要求相关单位进行严格整改，以保护学生在校期间的饮食安全及身体健康。其次，教育行政部门应加强校园食品安全的宣传教育，通过整治与教育相结合、宣传与培训相结合的方式开展食品安全宣传教育活动，提高学校管理者与食品从业人员的意识与素质。最后，学校食品安全问题涉及多个环节，因此需要教育、卫生、工商等多个部门统一认识、密切配合，对校园的食品安全进行监管，并积极探索学校食品安全的长效机制。

参考文献

［1］陈卉，张灿有，张慧，等. 2004—2021 年全国学校肺结核疫情分析［J］. 中国防痨杂志，2022，44（8）：768－776.

［2］曹丹. 思想政治工作在校园食品安全管理中的作用：评《食品安全监督管理学》［J］. 食品安全质量检测学报，2023，14（13）：305.

［3］国家卫生健康委办公厅　教育部办公厅关于印发中国学校结核病防控指南的通知［J］. 中华人民共和国教育部公报，2020（11）：22，49－146.

［4］吕士华. 校园食品安全与学生健康成长的相关性分析：评《食品安全导论》［J］. 食品安全质量检测学报，2023，14（11）：320.

［5］闫晓晋，马宁，刘云飞，等. 中国学龄儿童青少年常见病防治政策的发展历程［J］. 中国学校卫生，2021，42（5）：645－651.

（刘建安）

第十四章 教育过程卫生

第一节 课程思政教学设计

一、案例教学适用范围

本案例适用于"儿童少年卫生学""现代儿童少年卫生学"本科生和研究生课程中教育过程卫生相关章节的教学。

二、课程教学目标

1. 知识目标

(1) 掌握大脑皮质机能特性及卫生学意义。

(2) 掌握脑力工作能力变化规律及影响因素。

(3) 掌握体育锻炼对儿童少年身心健康的影响。

(4) 掌握体育锻炼的卫生要求和基本原则。

2. 能力目标

(1) 通过案例分析,学生能够把握大脑皮质机能特性及教育学意义。

(2) 通过案例分析,学生能够根据脑力工作能力变化规律科学用脑。

(3) 通过案例分析,学生能够掌握体育锻炼的卫生要求和基本原则。

3. 价值目标

(1) 通过小组案例分析的教学活动,增强学生的学习主动性、成就感和自信心,培养学生劳逸结合的能力。

(2) 通过案例教学,让学生了解体育锻炼在健康促进工作中的重要作用,树立学生强身健体的意识,培养学生全民健康的情怀和社会责任感。

三、教学方法

采用参与式、以结果为导向、理论与实践相结合及技术能力与心理准备相结合等多种教学模式,诱导学生历经听、看、想、说、做等认知和执行过程,帮助学生熟悉教育过程中应掌握的知识及技能。将课程教学的知识目标、能力目标和价值目标融入案例分析,激励其思考、发现、做出结论、制造策略、执行、评估、完善,理论联系实际,提高学生学习的积极性和主动性。

第二节 课程思政案例及分析

一、北京中小学课表迎来新变化

(一) 案例内容

2015年7月,北京市教育委员会出台了《北京市实施教育部〈义务教育课程设置实验方案〉的课程计划(修订)》(以下简称《课程计划》），学校可根据学科和课型特点开展长短课、大小课相结合的课程实验，同时，要求七、八年级开展科学实践活动，并将成绩计入中考分数。

根据《课程计划》要求，鼓励学校在周总学时不超过相应年级规定的前提下，根据学科、课型等特点积极开展长短课、大小课相结合的课程实验。这意味着，以前每节为40分钟或45分钟的固定课时将被打破。新学期，北京市东城区景泰小学的学生们发现课表里的课时长度不一样了，出现了20分钟、30分钟、40分钟以及60分钟等时间长短不同的课。景泰小学副校长介绍，学校的校本课程"快乐英语人人唱""经典名篇人人读"等是20分钟一节，这学期新增的篮球课是30分钟一节，此外还有60分钟一节的职业体验课等。没有了不同科目的任课老师，清华大学附属小学一、二年级的课程全部用"模块时间"来代替。班主任在总学时中拥有整体设计及运用的自主权，他们可以就课程的进展灵活安排教学的长度、主题教学科目等。施行模块时间后，老师们的下课时间不用再一起"踩点"下课铃，一、二年级将不再统一打下课铃。

社会实践活动比例的大幅提升是此次《课程计划》的亮点之一。北京市教育委员会相关负责人介绍，此次《课程计划》的核心变化之一，就是更加关注学生学习体验、动手实践及创新意识的培养。为了让学生动起来，部分学科拿出10%的学时用于开设学科实践活动，共计453学时。此次《课程计划》强调加强学科间的联系与整合，鼓励学校开展围绕主题的跨学科综合实践活动。北京市朝阳区白家庄小学开设了科技、艺术、文化、体育四类120多门校本课程，并将尊重教育融入日常教学中，构建了"4+1"课程机构模式，"4"指一周里有4天上基础课，"1"指一周集中1天上主题课，围绕"尊重规律、尊重人人、尊重差异、尊重需求"四个主题开展探究式学习。朝阳实验小学则将继续扩大学生社会实践的范围。早在2008年，学校正式挂牌成立了校内综合实践活动基地，先后开辟了厨艺教室、工艺教室、棋牌教室、模型教室、影音工作室、演艺厅、排练厅等校内实践活动基地。学校还打破学科界限，开设了供学生选择的实践课程。与此同时，朝阳实验小学还从综合、艺术、人文、科普四个领域选取了不同的社会实践基地，包括中国科学技术馆、北京海洋馆、自然博物馆、农业博物馆、美术馆、电影博物馆等。学校在教学部门整体规划的基础上，每月开展一次社会实践活动，带领学生走出教室，在实际的社会情境中直接参与并亲历各种社会生活，开展社会实践活动，积累社会生活经验。

新学期，不少学生惊喜地发现，作业数量比以前少了，作业内容更鲜活了，作业形式也更灵活了。《课程计划》要求，小学低年级作业要在课内完成，不得布置课外作业；其他年级书面形式课外作业一周布置一次，教师应全批全改。同时，鼓励小学各年级布置跨学科、跨年级的综合类、探究类作业。

在此基础上，朝阳区的中小学课程安排进行了新的探索，鼓励各学校突出"整体育人"的基本理念，加强学科间的联系与整合，突破学科课程边界，设置跨学科综合学习、主题化学习及实践活动课程，鼓励开设围绕主题的跨学科综合实践活动。《课程计划》要求，义务教育阶段九年一贯整体设置课程，各学科平均应有不低于10%的学时用于开设学科实践活动课程、开展跨学科综合实践活动。其中，市级地方课程包括专题教育综合课程、职业生涯、我们的城市、我爱北京等；专题教育综合课程整合毒品预防、预防艾滋病、环境与可持续发展等；区级地方课程包括"三生教育"、"三礼教育"、朝阳、阳光足球等。在课时安排上，建议小学每学时以40分钟为基数，初中每学时以45分钟为基数。学校可以根据学科、课型等特点积极开展长短课、大小课相结合的课程实验，周总学时不得超过相应年级规定的学时总量。例如一年级每周总教学时间不得超过1170分钟。

(二) 案例分析

根据教育部印发的《义务教育课程方案（2022年版）》，课程设置应以习近平新时代中国特色社会主义思想为指导，全面贯彻党的教育方针，遵循教育教学规律，落实立德树人根本任务，发展素质教育。以人民为中心，扎根中国大地办教育。坚持德育为先，提升智育水平，加强体育美育，落实劳动教育。反映时代特征，努力构建具有中国特色、世界水准的义务教育课程体系。聚焦中国学生发展核心素养，培养学生适应未来发展的正确价值观、必备品格和关键能力，引导学生明确人生发展方向，成长为德智体美劳全面发展的社会主义建设者和接班人。

在教学过程中，作息制度包括一日生活制度，学周、学期及学年的安排。在日常生活中，作息制度是指一日生活制度，即对一昼夜内学习、工作、业余活动、进餐、睡眠、休息等的时间分配和交替顺序。

(1) 学校作息制度卫生的总体要求是什么？

合理的作息制度能满足学生的生理和生活需要，促进学生的生长发育，保证劳逸结合，能增加身体抵抗力和预防疲劳。另外，由于学生每日按一定顺序有规律地进行活动，易形成动力定型，并能节省神经细胞的功能损耗，增加神经活动过程的均衡和灵活性，提高学习能力和学习效率。

学校作息制度应符合以下基本原则：①根据大脑皮质的功能特性和脑力工作能力变化规律，合理安排学习活动与休息的交替；②对不同年龄阶段和不同健康状况的儿童少年应区别对待，分别制定作息制度；③既能完成规定的学习任务，又要保证学生德智体美劳全面发展；④学校与家庭的作息制度相互协调统一；⑤作息制度一经确定，不要轻易改变。

(2) 为什么要合理安排课业学习和课外活动？

课业学习主要包括上课和自习。课业负担过重导致睡眠和户外活动不足，是影响儿童少年身心发育不良的重要因素之一。研究表明，合理的作息制度不会造成学生的脑力工作负荷过重，学生的学习能力变化曲线呈上升趋势。

课外活动主要包括体育锻炼、文艺、科技、社团活动和社会公益劳动等。课外活动可促进学生身体和智力的发育，有利于实现大脑皮质不同区域机能的轮换。但参加课外活动不宜过多，以免造成体力或脑力负荷过重。在课外活动中，尤其要保证户外活动和体育锻炼。

因此，合理安排学生的课业学习和课外活动，是评价学校生活是否合乎教学过程卫生的重要方面。

二、美国开国元勋富兰克林的"5小时原则"

（一）案例内容

本杰明·富兰克林（Benjamin Franklin）是美国的政治家、物理学家、共济会会员、美国的开国元勋之一、美国独立战争时重要的领导人之一。同时，他也是出版商、印刷商、记者、作家、慈善家、杰出的外交家及发明家。他发明了避雷针、双焦点眼镜、蛙鞋等，最早提出了电荷守恒定律。

富兰克林非常善于管理时间，重视学习方法，这是他能成功的重要保证。在富兰克林成年后，他坚持每天都花上1个小时专门学习。每个工作日、每日1小时的学习方法被称为富兰克林的"5小时原则"。这每日1小时的学习时间包括五点内容。①早起读书写作；②设立个人成长目标并定期跟踪结果和完成度；③为那些志趣相投且有抱负的艺术家和商人们成立一个俱乐部，让他们在为社会做贡献的同时也能不断提升自己；④将想法付诸实验；⑤早晚都提出一些思考问题。

每一天，富兰克林都会在百忙中抽出 1 小时践行他的"5 小时原则"，这看起来好像当天少了 1 个小时去完成工作的任务，但从长远来看，这是他为自己做出的最好投资。富兰克林的"5 小时原则"说明了一个很简单的道理：最聪明、最成功的那些人，其实正是那些能够合理规划时间、坚持用心学习的人。

在富兰克林的自传中，他对自己高效率的简版日程表进行了分解，得出了最重要的 10 条提高工作效率的经验。

第一，保持简单。没有太多要完成的待办事项，坚决专注于要点，效率极高。

第二，每天在同一时间睡觉和起床。每天富兰克林都是早上 5 点就起床，晚上 10 点就上床睡觉，每晚睡 7 个小时。然而，最重要的不是上床睡觉或起床的时间，而是睡眠时间表的连贯性。每天在同一时间睡觉和起床，就能训练大脑更快地入睡，提高睡眠质量。

第三，安排安静独处的时间。每天起床后不久，富兰克林会冲个澡，然后花些时间祈祷或冥想。独处的习惯给了富兰克林所急需的清晰和专注来计划一天，并坚持该计划。

第四，确定一天的计划。每天早晨去上班前，富兰克林都会用一个重要问题来确定一天的计划：今天我该做些什么？每天早上设定目标，制订行动计划，就能确保自己专注于最重要的任务，避免一天中因为琐事和其他人而分散注意力。

第五，投入专门时间来学习。在富兰克林的日程表中，他会专门留出一些时间来"从事目前的研究"，这意味着他会把时间花在一个独立个人项目上，而不是工作。最有可能的是，这些时间要么花在读书上，要么花在看报纸上。

第六，为深度工作和浅度工作创建时间块。为了规划他的一天，富兰克林通过创建时间块来有效管理他的时间，并保护他的一天免受意外干扰。具体来说，富兰克林分配了两段4个小时的时间段——早上8点到中午12点以及下午2点到下午6点，用于深度工作和不间断地专注于最重要的任务。同样，富兰克林也会安排一段2小时的时间段——中午12点到下午2点，用来吃午饭和做些浅度工作，比如查看自己的财务状况。富兰克林用创建时间块的方式来有效管理他的时间，用他精力最旺盛的时候完成他一天中最重要的任务。

第七，下班后把东西整理好放回原位。每天在离开办公室之前，富兰克林一定会清理他的工作空间，把东西整理好放回原位。这使富兰克林每天早上都有足够毅力，在下一个漫长的一天里完成那些乏味的工作。

第八，在日程表里列入休息时间。每天下班后，富兰克林都会整理他的工作空间，吃晚饭，然后在晚上的剩余时间里放松休息：听音乐，会朋友。休息不是浪费时间，而是个强大的生产力工具，它能让你重新激活大脑和身体，为第二天的挑战做好准备。

第九，在晚上进行一天的反思。临睡前富兰克林会反思他的一天，会问自己一个重要问题：今天我哪些事情做得好？在记录下一天中进展顺利和不顺利的事情后，富兰克林会改变和改进他的日程表。

第十，不要追求完美。最重要的不是完美主义，而是取得进步。

正如富兰克林所强调的："我惊奇地发现我的缺点远超自己的想象，但看到它们减少让我感到满足。"庆祝你的小胜利，但如果没有完成计划也不要打击自己，因为在一天结束时，真正重要的是你尽力了。

此外，富兰克林还衍生出了专属于自己的学习方法。

富兰克林在年轻的时候非常重视对外语的学习，自学法语之后，紧接着又学起了意大利语。富兰克林有一位同样在学习意大利语的好友，他十分喜欢下棋，经常在吃过晚饭后就硬拉着富兰克林下一盘，富兰克林也不好推辞，但这样做却会耽搁他许多学习意大利语的时间。在下一次下棋的时候，富兰克林规定：每盘棋的胜利者有权惩罚对方，失败者必须在下次下棋之前背诵或者翻译一段意大利语文章，否则无权再战。由于两个人的棋艺不相上下，各有输赢，两个人就都不得不花很多的时间去温习意大利语，准备拿来应付下棋输掉之后的背诵和翻译。就这样过了一段时间，两个人的意大利语水平竟然都有了长足的进步。富兰克林的这个学习方式，将自己的爱好与读书巧妙地结合在一起，从而在最大限度上发挥人的主观能动性。从书本上的知识延伸出其他爱好，再让这些爱好推动自己读书，这样读书就不再是苦差事，而是一种乐趣了。

（二）案例分析

儿童青少年时期是一个人学习和成长的关键阶段，因此，合理安排学习时间和养成良好的学习习惯对他们的发展至关重要。儿童青少年的教育应该遵循教育过程卫生原则。根据大脑皮质功能活动特性、脑力工作能力变化规律及影响因素合理制订学习计划，让儿童青少年更好地接受新知识。

第一，合理安排学习时间可以帮助儿童青少年更好地管理时间，提高学习效率。通过规划每天的学习时间表，他们可以有条不紊地完成各项学习任务，避免拖延和浪费时间。当各种内部和外部的条件刺激依照一定的顺序有规律地重复多次以后，大脑皮质的兴奋区和抑制区按照一定的排列顺序做出的反应会越来越恒定和精确，这样可以获得最高的工作效率。这种在一定条件下形成起来的、依照一定的先后次序和强弱配置而构成的暂时神经联系，称为动力定型。动力定型建立后，神经通路通畅，条件反射的出现恒定和精确，神经细胞能以最小的损耗收到最大的学习、工作效果。动力定型的形成需要反复的、较长时间的训练。年龄越小，可塑性越大，动力定型越易形成，因此，从小就要养成有规律的作息和良好的学习习惯。

第二，充分调动儿童青少年的学习兴趣和主动性，有助于儿童青少年培养良好的学习态度和学习习惯，培养自主学习的能力，更加主动地参与学习，提高学习成绩和终身学习的能力。动机是一切学习的原动力，良好的学习动机和态度，能够引起学习的兴趣，激发学习积极性，促使他们主动学习提高学习效率。浓厚的学习兴趣可引起皮质学习优势兴奋灶的形成，引导注意指向学习，提高脑力工作能力。影响学习兴趣的因素有好奇求知欲、成功的学习体验、相应的知识储备、渴望获得成功的期待、难易适度的教学内容等。

第三，平衡学习与其他活动的能力对儿童青少年也十分重要。除了学习，儿童青少年还需要参与体育锻炼、参加社交活动、休息和娱乐等。平衡各项活动可以帮助儿童青少年充分利用时间，维持身心健康和全面发展。家长和教育者应该重视儿童青少年的学习时间管理，帮助他们养成良好的学习习惯，为他们的未来发展奠定坚实的基础。

三、使命的召唤　时代的强音——"文明其精神　野蛮其体魄"

（一）案例内容

2023年2月28日，习近平总书记在陕西省考察期间，到安康市平利县老县镇中心小学看望师生们。他对当前中小学生普遍眼镜化表示担忧，对因体育锻炼少导致的身体健康程度下降表达关切。他说："文明其精神，野蛮其体魄。"习近平总书记还强调："我说的野蛮其体魄，就是强身健体。"他的殷殷话语，寄托了对广大青少年"强壮身体、创造文明、改变世界"的厚望。

而在100多年前的1917年，24岁的毛泽东同志还在湖南第一师范读书的时候，在《体育之研究》一文中就提出："欲文明其精神，先自野蛮其体魄；苟野蛮其体魄矣，则文明之精神随之。"当时他的一个好友因患病去世，他深感有一个好的身体是多么重要，于是就开始坚持冬天用冷水擦身、冬泳，下雨天攀登，栉风沐雨，磨炼筋骨。73岁高龄时，他依然能横渡长江。

一场新冠疫情，让人们直观认识到身体是革命的本钱、免疫力是个体对抗病毒的第一道防线，也让人们认识到头脑的清醒、行为的文明是群体抗疫取得成功的关键。"文明其精神，野蛮其体魄。"习近平总书记不仅指出了青少年培育的努力方向，也指出了国民素质应当培塑的方向；不仅明晰了体育与健康中国的逻辑关系，也明确了体育是智育、德育等其他教育的基石。

野蛮体魄是为了强健身体、磨炼意志，文明精神是为了清醒头脑、开智明德。教育的根本目的就是"人的完整实现"，是促进头脑和身体、意志和思想的全面发展。如何培养健全的身心，最有效的、最基本的策略就是赋能，放手去激发孩子的成长内因，唤醒自觉，鼓舞和引导自我成长。

2019—2020年，有学者针对增强中小学生身体素质问题进行过调研，发现学生体质下降问题较为突出。近年来的征兵信息显示，因体检不合格而被淘汰的应征青年比例甚高，其中因视力和肥胖被淘汰的占比较大。究其原因，主要是"重分数、轻体质"现象仍然比较普遍，学生课业负担重，没有更多的精力和时间进行体育锻炼或是参加体力劳动。电子游戏机、电视机、手机、电脑等电子产品诱惑太多，致使孩子少动甚至不爱动。此外，学校体育师资力量、师资水平不足，教学内容单调，体育健身场所不完善等因素也导致学生体育锻炼不足。

针对这种情况，专家建议：要培塑"健康第一"的理念，学校要切实做到"减负增体"，确保中小学生每天锻炼 1 小时，并真正落地落实。学校要组建各种体育兴趣班，丰富体育锻炼项目及内容，增强趣味性，让孩子感受到体育带来的身心快乐，体悟体育的魅力，让孩子们主动"动"起来。完善体育评价体系，将体育列入中高考必考科目。发挥社会体育人才及社会体育组织在校园中的作用，学校可以与社会体育组织联手，组织各种体育训练和活动。增加针对青少年的健身场所及设施，体育馆及社区体育场所对学生提供免费或优惠服务。

要弘扬劳动精神，补上劳动这一课。劳动不仅可以锻炼身体，更能锤炼儿童青少年的坚韧毅力，让他们体悟生命的本质，从而培养真正能为社会、为国家进步和发展所用的人才。为此，社会和学校应拓宽和增加学生参与劳动的机会，建立多个劳动实践基地，利用周末或假期，安排学生到乡村或工厂、敬老院、社区等地进行必要的劳动实践，在与生活的深度接触中，体验"幸福都是奋斗出来的"的道理。家庭平时可以为孩子提供劳动锻炼的机会，比如让孩子学做家常菜、打扫房间、洗衣服等，教育引导孩子崇尚劳动、尊重劳动，培养劳动兴趣、磨砺意志品质，提高他们的独立生活能力。

（二）案例分析

围绕"教育过程卫生的重要性"设置案例分析题目，通过案例分析让学生了解学校场所的特殊性，掌握教育过程卫生包含的范围。让学生体会教育过程卫生的科学性，培养学生良好的学习习惯。

（1）脑力工作能力变化有什么规律？

第一，学日中：脑力工作能力开始时不高，自第一节课开始约2小时后达到高峰，然后逐渐下降；午间休息后回升，随后又逐渐下降；学日末时下降到略低于学日开始水平，或者由于终末激发，可略有回升。

第二，学周中：脑力工作能力星期三、星期四达到并维持于高峰；星期五下降或出现终末激发。

第三，学年中：学生在第一学期开始时脑力工作能力较低，中段出现高峰并维持在较高水平，期末下降或出现终末激发（寒假前）；第二学期脑力工作能力也出现高峰，但比第一学期相对低，第二学期末（暑假前）的脑力工作能力为全学年最低。

（2）体育锻炼对儿童青少年身心健康有什么影响？

第一，对生理健康的影响：体育锻炼有助于儿童青少年呼吸系统、神经系统、心血管系统、运动系统等身体各部位的健康发育，在生长发育的敏感期，积极锻炼对成年后的体质水平、健康状况和体能都将产生深远的影响。另外，体育锻炼可增加儿童青少年的户外活动时间，有助于其视力的保护。

第二，对心理健康的影响：对儿童青少年进行有计划、有步骤的体育锻炼有助于儿童青少年减轻学习负担，通过体育锻炼放松心情。

参考文献

[1] 季成叶. 现代儿童少年卫生学［M］. 8版. 北京：人民卫生出版社，2010.

[2] 教育部. 教育部关于印发《义务教育课程设置实验方案》的通知［EB/OL］.（2001-11-19）［2023-09-20］. http://www.moe.gov.cn/srcsite/A26/s7054/200111/t20011119_88602.html.

[3] 佩知. 让辍学穷小子成为美国开国元勋的秘诀："富兰

克林的 5 小时原则"［EB/OL］.（2020-12-08）[2023-09-20］. https://www.sohu.com/na/437033691_120824419.

［4］陶芳标. 儿童少年卫生学［M］. 8 版. 北京：人民卫生出版社, 2017.

［5］天一. 美国富兰克林的学习方法, 将读书与娱乐相结合, 让学习无处不在［EB/OL］.（2018-12-31）[2023-09-20］. https://baijiahao.baidu.com/s?id=16213627954 79110670&wfr=spider&for=pc.

［6］郑祖伟, 苏金柱. 新学年, "课程计划"落实进课表 北京中小学迎来"课变"［N］. 现代教育报教师周刊, 2015-09-21（A03）.

［7］EXPERTS. 如何令工作效率倍增：从富兰克林日程表中学到的 10 条经验［EB/OL］.（2019-10-18）[2023-09-20］. https://baijiahao.baidu.com/s?id=16477103 67215009632&wfr=spider&for=pc.

（刘建安）

第十五章 学校教育教学设施与设备卫生

第一节 课程思政教学设计

一、案例教学适用范围

本案例适用于"儿童少年卫生学"本科生和研究生课程中学校教育教学设施与设备卫生相关章节的教学。

二、课程教学目标

1. 知识目标

（1）掌握学校营养服务、学校营养教育的基本概念和内容。

（2）熟悉《中国学龄儿童膳食指南（2022）》相关推荐，了解目前我国学校营养餐的基本规定，培养合理饮食的观念。

（3）了解我国校车的安全卫生要求与安全管理规定。

2. 能力目标

（1）通过案例分析，让学生能够了解我国有关学校营养餐的规定以及目前我国学校营养餐现状。

（2）通过案例分析，让学生能够结合食品营养与食品卫生学内容掌握合理膳食的基本含义，在日常生活中尽量做到合理膳食。

(3)通过案例分析,让学生了解儿童青少年交通安全的重要性。

3. 价值目标

(1)通过小组案例分析的教学活动,增强学生的学习主动性、成就感和自信心,培养学生的团队协作能力。

(2)通过案例教学,让学生了解学校营养餐在学校卫生中的重要意义,学会联系营养学知识探讨问题。通过案例分析,让学生了解国家对学校卫生和儿童青少年健康的重视,培养学生的爱国情怀和社会责任感。

三、教学方法

本章课程适宜采用翻转课堂教学。学生提前自学慕课和讨论案例,线下理论课程授课可充分结合教师讲授、学生听课、小组案例分析等授课形式。教师提出讨论问题,将课程教学的知识目标、能力目标和价值目标融入案例分析。

第二节 课程思政案例及分析

一、学校营养餐计划:舌尖上的校园

(一)案例内容

2021年11月23日,河南新乡封丘县赵岗镇戚城中学发生了一起校园营养餐食源性疾病事件。35名学生和3名老师在使用统一配送的营养午餐后,出现呕吐、腹泻症状。医生随即对出现症状的师生进行治疗，最终师生身体状况恢复正常。相关部门对负有监管责任的工作人员立案调查，封丘县教体局副局长、食堂管理负责人以及配餐公司负责人等被刑拘或处罚。

上述案例中的营养餐起源于民间公益活动。2011年，民间发起的免费午餐公益活动，引起了全国对于农村地区义务教育学生吃饭和营养问题的关心。中央决定从2011年秋季学期起，启动农村义务教育学生营养改善计划（简称"营养改善计划"）。2012年，教育部等15个部门印发《农村义务教育学生营养改善计划实施细则》等配套文件，以确保营养改善计划能有效实施。该实施细则规定，学生营养餐应以肉、蛋、奶、蔬菜、水果等食物为主，供餐模式应逐步以学校食堂供餐替代校外供餐，为确保食品安全，学校负责人应陪餐，餐费自理。

然而，由于我国实施营养改善计划较晚，没有相关立法文件以及学校膳食服务配置方面还不够完善等问题，实施营养改善计划并不顺利。首先，由于资金有限，2012年营养改善计划开始实施时，每个学生每天只有3元的营养补助。其次，在学校卫生和儿童健康方面，由于厨房人手不够，食品卫生存在隐患，学校负责人没有营养专业背景等种种问题，营养餐并不能达到改善农村孩子营养状况的目的。

让人欣慰的是，国家和相关部门察觉到这些问题之后及时推出有力的完善措施。2021年9月，财政部会同教育部印发《关于深入实施农村义务教育学生营养改善计划的通知》，明确进一步提高膳食补助标准。自2021年秋季学期起，农村义务教育学生营养膳食补助国家基础标准由每生每天4元提高至5元。2021年，全年共安排学生营养膳食补助资金260.34亿元，比上年增长12.9%。另外，《健康中国行动（2019—2030年）》提出："鼓励食堂和餐厅配备专兼职营养师，定期对管理和从业人员开展营养、平衡膳食和食品安全相关的技能培训、考核；提前在显著位置公布食谱，标注份量和营养素含量并简要描述营养成分；鼓励为不同营养状况的人群推荐相应食谱。"建议进一步加强对农村学校食堂工作人员和后勤人员的知识和技能培训，提高学校食堂作为供餐主体的配餐能力。加强我国注册营养师和学校营养指导员等专业营养人群队伍建设，发挥营养专业技术人员的指导作用，协助学校更加科学、合理配餐，在保证饮食安全和营养均衡的基础上，进一步提高食物的口味和搭配合理性。同时，继续推动学生营养立法，从法律上为学校供餐和学生营养改善保驾护航。

这些措施的完善，在一定程度上保证了在校学生的合理营养和学校营养餐的食品卫生，学生对营养餐的满意程度有所提高。蔡豪等人采用多阶段随机整群抽样方法，从8个城市的67所中小学中，随机抽取15170名中小学生调查学校午餐供餐情况及学生满意度。结果显示，学生对学校午餐整体上非常满意、比较满意、一般、比较不满意、非常不满意的比例，分别为40.8%、28.1%、20.1%、7.3%、3.6%，学生对学校午餐各项因素的满意率，顺位从高到低分别为就餐环境（75.3%）、饭菜分量（71.6%）、饭菜卫生（71.1%）、食物搭配（65.4%）、饭菜外观（60.5%）、饭菜口味（55.9%）。研究最终得出"学生对学校午餐的满意率尚可，饭菜口味是学生不满意的主要因素"的结论。

（二）案例分析

以戚城中学营养餐事故和我国学校营养供应的相关措施为例，围绕"学校营养服务和学校营养教育"设置案例分析题目。通过案例分析，让学生掌握学校营养服务和营养教育的基本概念。另外，学生可结合营养学知识学习《中国学龄儿童膳食指南（2022）》，了解我国目前营养餐实施现状。最后，通过了解国家和相关部门为顺利实施营养改善计划所发布的规定或通知，增强学生的爱国情怀和社会责任感。

（1）戚城中学营养餐事故中存在哪些问题？

戚城中学营养餐事故存在食品安全问题，营养餐中个别食物存放时间久，食物变质（结合实例言之有理即可）。

（2）结合戚城中学营养餐事故，对于我国开展学校营养改善计划谈谈你的想法和建议？

应加强学样营养餐食品安全的监督与管理，确保营养餐真正做到"营养、安全"（结合我国营养改善计划的相关规定及要求，言之有理即可）。

二、让校车成为放心的"生命方舟"

（一）案例内容

校车是特定人群乘用的"流动校舍"。校车安全一直以来是全社会关注的焦点。因此，要以更严格的安全标准来考量校车，在车辆技术参数、驾驶员素质经验等方面严格把关，并赋予校车以更优先的路权，让校车安全关涉者承担更大的责任，只有这样，校车安全才能得以保障。

近年来，因校车超载、超速、手续不全、设施不完善引发的恶性交通事故时有发生。统计数据显示，我国平均每41秒就会发生一起车祸，每天有近40名中小学生死于道路交通事故。校车事故凸显教育经费不足的现状，尤其是偏远地区。近年来，政府对教育的支出一直在稳步增长，2011年，全国教育经费总投入为23869.29亿元，比上年的19561.85亿元增长22.02%。但数字掩盖了城乡之间的不平等，特别是农村地区因长期缺少教育资金，校车高昂的运营成本阻碍了很多学校购买正规校车。2011

年11月16日,甘肃省正宁县发生造成19名幼儿死亡的特大交通事故。事故车辆为运送幼儿的校车,这辆车的车内面积仅8平方米,事故车辆按规定只能搭载9人,却装载了64人。① 事故车被刷成黄色,写上"校车"两个字,可并未能带来实质性安全,算不上校车——几乎没有一项条件达到校车标准。类似的案例层出不穷,让人难过的是,诸如此类的"山寨"校车依然横行在生活中的各条道路上。而这些"马路杀手"的肆虐,正是农村边远地区校车使用的现状。

在当今社会,校车的安全问题日益引起党和政府以及广大人民群众的关注。面对每年因交通事故伤亡的学生数量的有增无减,牢抓校车安全建设是亟须重视的问题。只有高质量、高标准严格要求校车工程,才能保障校车安全。

中国政府迎难而上,针对校车安全的突出问题和主要环节,启动中小学校车运营管理试点工作,迅速制定法规,力保校车安全。

2011年8月,教育部在浙江省德清县、黑龙江省鸡西市和陕西省西安市等6个地区展开中小学校车运营管理试点工作。在经费投入、运营机制、安全管理等方面都进行了大胆尝试和探索。

每天清晨和傍晚,40多岁的校车司机汤师傅都会开着一辆显眼的黄色"长鼻子"校车在浙江德清县的街道上穿行。在每天6趟的出车任务中,他把德清育才学校的学生从家接到学校,又从学校接回了家。校车上有47个学生座位,每个座位都配有安全带,为了防止行车途中学生随意打开车窗造成危险,校车的车窗下部封闭,上部可以推拉。此外,车内外都配有"车门控

---

① 参见朱立毅《国务院安委办通报甘肃正宁校车事故》,载《工人日报》2011年11月30日第1版。

制应急阀门",防止车门打不开。这样的"长鼻子"校车在德清县共有14辆,此外,还有65辆按国际先进标准设计制造的平头校车承担着接送学生的任务。德清教育局安全科科长张帆表示,德清县从2009年开始投入2000万元共购置79辆校车,每天接送学生近6000人,覆盖了德清县的全部乡镇,县城所在地则覆盖到了农村学校和民工子弟学校。运营2年来,校车没有发生过任何交通事故,安全率达百分之百,各职能部门也没有接到过一次家长投诉。而政府设立的每年400万元校车专项补助是"德清模式"得以运行的关键。

有人说"德清模式"难以推广,原因是许多经济欠发达地区无力支付购置校车与维持校车运行的大量资金。

央视《新闻调查》栏目报道了辽宁宽甸县开行山区校车的相关案例,使此猜想不攻自破。作为辽宁省面积最大的县,宽甸县辖区基本都由山区构成,年财政收入只有4个亿,但宽甸县却从2008年就开始了校车建设,承担着十多个乡镇5000多名学生的接送任务,3年来从没出过事故。这让人看到了经济欠发达地区也依然可以保障校车建设的安全性。

宽甸县校车实践有很多值得借鉴和思考的地方。宽甸县作为一个贫困县,却依然能从不宽裕的财政中拨出几百万元用于校车建设。这透露出一个道理:只要地方政府不把校车建设看成包袱,而是当作分内职责,安排财政支出就并不是什么难事。很多地方之所以迟迟不愿意在校车问题上投入资金,根本症结就在于,他们认为加强校车建设是多余之举。

除此之外,用更严格的安全标准来考量校车在车辆技术参数、驾驶员素质经验等方面严格把关,并赋予校车以更优先的路权,让校车安全关涉者承担更大的责任,这才是校车作为"生命方舟"的关键。

（二）案例分析

以既往校车事故和我国校车改革的成功实践为例，围绕儿童青少年的交通安全设置案例讨论题目。通过讨论，让学生了解我国校车的安全卫生要求与安全管理规定，了解目前我国校车改革现状。

（1）以前我国中小学生在交通安全上存在哪些隐患？

以前我国绝大部分地区没有校车，学生在来回学校路上通常以步行、骑自行车为主要的交通方式，加上学生爱嬉戏打闹，容易引发或大或小的交通事故。即使有校车，绝大多数并非正规校车，乃由普通汽车改造而成，司机未经专业的岗前培训，容易发生超载、超速等现象，且往往车身没有特定标识，存在较大的安全隐患。

（2）你认为还可以通过哪些措施来保障中小学生的交通安全？

可通过下列措施保障中小学生的交通安全：建立健全交通安全的法律机制，对于中小学生的道路通行给予一定的优先权；学校应大力普及中小学生的交通安全教育；政府应加大对于校车的财政投入，在有条件的地方统一使用安全规范标准的校车。

参考文献

[1] 蔡豪，闫心语，许艺凡，等. 中国城市中小学生午餐满意度现状［J］. 中国学校卫生，2019，40（2）：179 - 181，185.

[2] 新闻调查. 大山里的校车［EB/OL］.（2012 - 01 - 14）［2022 - 10 - 23］. http：//tv. cctv. com/2012/01/14/VIDElGALZ-iKsg1wy14 wIBBEZ120114. shtml？srcfrom = baidualading&event2 = bdtg_pc _hkafjzpq.

［3］付俊杰，翟凤英. 学生营养餐现状与发展趋势［J］. 国外医学·卫生学分册，2005（2）：91-95.

［4］胡承康. 美国的学校午餐［J］. 教育，2006（1）：59-60.

［5］蒋建平. 国内外学生营养餐推广的回顾与展望［M］//于小冬，周海春主编，公众营养与发展中心编. 中国营养产业发展报告（2006）. 北京：中国经济出版社，2006：336-344.

［6］教育部召开会议启动中小学校车运营管理试点工作［EB/OL］.（2011-08-24）［2022-10-23］. https://www.gov.cn/gzdt/2011-08/24/content_1932058.htm.

［7］农村义务教育学生营养改善计划.［EB/OL］.［2022-10-23］. https://baike.baidu.com/item/%E5%AD%A6%E7%94%9F%E8%90%A5%E5%85%BB%E9%A4%90%E8%AE%A1%E5%88%92/12765418?fr=aladdin.

［8］陶芳标. 儿童少年卫生学［M］. 8版. 北京：人民卫生出版社，2017.

［9］张帆，张倩，胡小琪，等. 国外学生营养餐的发展对我国的启示［J］. 中国食物与营养，2013，19（8）：5-8.

［10］中华人民共和国教育部. 关于深入实施农村义务教育学生营养改善计划的通知［EB/OL］.（2021-09-26）［2022-10-23］. http://www.moe.gov.cn/jyb_xxgk/moe_1777/moe_1779/202112/t20211223_589718.html.

（蔡　莉）

第十六章 学校健康教育与健康促进

第一节 课程思政教学设计

一、案例教学适用范围

本案例适用于"儿童少年卫生学"本科生和研究生课程中学校健康教育与健康促进相关章节的教学。

二、课程教学目标

1. 知识目标

（1）掌握学校健康教育、健康促进以及健康促进学校的基本定义。

（2）了解健康促进的基本策略和健康素养，识别健康促进行为。

（3）了解学校预防艾滋病、学校禁毒等专题教育的内容与意义，讨论健康教育与健康促进的评价方法。

2. 能力目标

（1）通过案例分析，让学生能够了解新型常用的健康教育理论、宏观和微观的健康教育模式，提高自身健康素养。

（2）通过案例分析，让学生能够运用健康教育与健康促进的评价方法。

3. 价值目标

（1）通过小组案例分析的教学活动，增强学生的学习主动性、成就感和自信心，培养学生的团队协作能力与人际沟通能力。

（2）通过案例教学，让学生了解学校健康教育与健康促进的重要作用，激发学生的评判性思维能力、科研能力、领导力，使学生树立文化自信感，践行社会主义核心价值观，培养学生生命全程观和大健康观，理解我国以预防为主的卫生与健康工作方针，意识到预防医学与公共卫生专业人才的职业责任和使命，增强专业认同感。

三、教学方法

本章课程适宜采用翻转课堂教学。课前学生自主利用网络平台（如慕课）进行线上学习。线下理论课程授课可充分结合教师讲授、小组案例分析、学生汇报、视频分享等授课形式。教师提出讨论问题，布置一定的任务，将课程教学的知识目标、能力目标和价值目标融入案例分析。学生可把汇报的内容制作成PPT，PPT不要面面俱到、大而泛，而要深入、具体，要引用参考文献。然后将学生汇报情况录制成微视频，由全班同学对小组总体表现进行评分或评价。充分调动学生的积极性，激发学生的学习潜能。鼓励学生积极参与课堂讨论、积极提问，在其中产生头脑风暴，促进学生不断发现问题、分析问题和解决问题，提升学生自主思考和学习的能力。

第二节 课程思政案例及分析

一、落实健康中国战略

（一）案例内容

近年来，国家陆续发布《中国公民健康素养——基本知识与技能（2015年版）》《"健康中国2030"规划纲要》《健康中国行动（2019—2030年）》和《国务院关于实施健康中国行动的意见》等文件，将健康教育纳入国民教育体系，把健康教育作为所有教育阶段素质教育的重要内容，并将居民健康素养水平纳入健康中国建设的主要指标等，实施一系列重要措施落实健康中国战略。

《"健康中国2030"规划纲要》第二篇"普及健康生活"的第四章"加强健康教育"明确提出，加大学校健康教育力度，将健康教育纳入国民教育体系，把健康教育作为所有教育阶段素质教育的重要内容。以中小学为重点，建立学校健康教育推进机制。构建相关学科教学与教育活动相结合、课堂教育与课外实践相结合、经常性宣传教育与集中式宣传教育相结合的健康教育模式。培养健康教育师资，将健康教育纳入体育教师职前教育和职后培训内容。

2019年，国家卫生健康委负责制定出台了《健康中国行动（2019—2030年）》。该发展战略围绕疾病预防和健康促进两大核心，提出开展十五项重大专项行动，政府、社会、学校、家庭、个人协同推进，建立健全健康教育体系，促进以治病为中心向以健康为中心转变，提高人民健康水平。其中，第八项专项行动为中小学健康促进行动。

中小学生正处于成长发育的关键阶段。加强中小学生健康促进，增强青少年体质，是促进中小学生健康成长和全面发展的需要。根据2014年全国学生体质与健康调研结果，我国7～18岁城市男生和女生的肥胖检出率分别为11.1%和5.8%，农村男生和女生的肥胖检出率分别为7.7%和4.5%。2018年，全国儿童青少年总体近视率为53.6%。其中，6岁儿童近视率为14.5%，小学生近视率为36.0%，初中生近视率为71.6%，高中生近视率为81.0%。由此可以看出，中小学生肥胖、近视等健康问题突出。此外，随着成长发育，中小学生自我意识逐渐增强，认知、情感、意志、个性发展逐渐成熟，人生观、世界观、价值观逐渐形成。因此，有效保护并积极促进儿童青少年身心健康成长十分重要。

我们的行动目标是鼓励和引导学生达到《国家学生体质健康标准》良好及以上水平。到2022年和2030年，国家学生体质健康标准达标优良率要分别达到50%及以上和60%及以上。在近视防控方面，力争全国儿童青少年总体近视率每年降低0.5个百分点以上，新发近视率明显下降，小学生近视率下降到38%以下，学校眼保健操普及率达到100%。另外，符合要求的中小学体育与健康课程开课率要达到100%；中小学生每天校内体育活动时间不得少于1小时。在人员配备方面，寄宿制中小学校或600名学生以上的非寄宿制中小学校配备专职卫生专业技术人员，600名学生以下的非寄宿制中小学校配备专职、兼职保健教师或卫生专业技术人员的比例应分别达到70%及以上和90%及以上；配备专职、兼职心理健康工作人员的中小学校比例应分别达到80%及以上和90%及以上。

学校要严格依据国家课程方案和课程标准组织安排教学活

动,小学一、二年级不布置书面家庭作业,三至六年级书面家庭作业完成时间不得超过60分钟,初中不得超过90分钟,高中阶段也要合理安排作业时间。全面推进义务教育学校免试就近入学全覆盖。改善教学设施和条件,为学生提供符合健康要求的学习环境。中小学校要严格组织全体学生每天上午和下午各做1次眼保健操。强化体育课和课外锻炼,确保中小学生在校时每天1小时以上体育活动时间。根据学校教育的不同阶段,设置相应的体育与健康教育课程,向学生教授健康行为与生活方式、疾病防控、心理健康、生长发育与青春期保健、安全应急与避险等知识,提高学生健康素养,积极利用多种形式对学生和家长开展健康教育。培训和培养健康教育教师,开发和拓展健康教育课程资源。指导学生科学规范使用电子产品,养成信息化环境下良好的学习和用眼卫生习惯。加强医务室(卫生室、校医院、保健室等)的力量,按标准配备校医和必要的设备。中小学校应配备专兼职心理健康工作人员。

政府研究修订《学校卫生工作条例》和《中小学健康教育指导纲要》等,制定《学校食品安全和营养健康管理规定》等,进一步健全学校体育卫生发展制度和体系。制定健康学校标准,开展健康学校建设。深化学校体育、健康教育教学改革,全国中小学普遍开设体育与健康教育课程。加强现有中小学卫生保健机构建设,按照标准和要求强化人员和设备配备。全面加强全国儿童青少年视力健康及其相关危险因素监测网络、数据收集与信息化建设。完善学生健康体检制度和学生体质健康监测制度。

(二)案例分析

学校健康教育和健康促进是实现健康中国建设目标的重要策略,具有重要意义。健康教育的目标是消除或减轻健康危险因素、预防疾病、促进健康、提高生活质量。健康教育的核心目标是树立健康意识、培养良好的行为和生活方式，形成对公众健康的自觉性和责任感。学校健康教育的目标是让学生掌握健康的知识和技能，自觉采纳有益于健康的行为和生活方式，帮助学生理解健康教育与健康促进是提高全民健康的有效途径，引导学生树立"提升公民健康素养，从我们做起"的理念。

公共卫生是心系公众健康的学科，当公民的健康素养越来越高，我们离健康中国的目标也会越来越近。公共卫生专业学生不仅要提高自身的健康素养，更要理解我国以预防为主的卫生与健康工作方针，明确健康中国战略目标，维护大众身心健康，为人民服务，树立大健康观，为实现伟大宏远的目标贡献力量。在以学生为星星之火，推动健康教育普惠群众，助力健康中国战略实施的过程中，应培养学生的主人翁意识和社会责任感，培养具有家国情怀、人文底蕴和全球视野，致力于服务国家战略需求和人民健康需要的预防医学与公共卫生专业人才，增强专业认同感。

二、健康促进学校初中生控制吸烟干预效果评价

（一）案例内容

健康促进学校（health promotion school）包括学校健康政策、学校物质环境、学校社会环境、社区关系、个人健康技能和健康服务六个方面。自1995年提出健康促进学校后，我国一直在青少年控烟工作中努力尝试与探索。一项在广州市黄埔区4所中学进行的专项预防和控制初中生吸烟的研究（$n=2343$），引起了人们的关注。该研究为随机对照试验，通过1年的随访，评价健康促进学校模式预防和控制初中生吸烟的干预效果。该研究结果

由文孝忠等在《中国公共卫生》杂志上发表。①

该研究结合青少年吸烟的阶段性特征，综合控烟专家、教育学专家和学校教师领导的多方意见，设计了形式多样的干预活动。具体内容如下：

（1）学校健康政策：每个学校成立控烟与健康委员会或领导小组，校领导带头不吸烟；制定禁烟校规并公布，承诺创建"无烟学校"；学校制定吸烟与学生评优（个人、集体评优）挂勾的奖惩制度。

（2）学校物质环境：学校范围内无烟具和烟蒂；校园内有醒目的禁烟标志。

（3）学校社会环境：开展同伴教育，学生接受无烟的人际交往方式，不劝吸烟和不接烟；教师在学生面前不吸烟，并主动戒烟。

（4）社区关系：周围社区配合学校控烟、学生参与社区的控烟宣传活动；父母和其他家庭成员支持或参与控烟工作。

（5）个人健康技能：学生可方便地获得吸烟危害健康的文字资料，如宣传小册子、黑板报或宣传画等；学生每年能接受至少 2 次正规的关于吸烟危害的健康教育课或专题讲座，健康教育课采用多媒体、标本展览或实验演示等生动、有说服力的方式；学校组织开展以吸烟为主题的学生参与式的课外活动，如班会、知识竞赛、征文、演讲、漫画、手抄报等；学校组织学生个人技能培训，如拒吸第一支烟、抵御吸烟同伴压力、科学戒烟法和要求不被动吸烟的权利等。

（6）健康服务：向想戒烟的吸烟学生提供心理咨询和戒烟辅助器具，帮助其制订戒烟计划，及时给予技术指导，对于成功

---

① 参见文孝忠、陈维清、梁彩花等《健康促进学校初中生控制吸烟干预效果评价》，载《中国公共卫生》2007 年第 7 期，第 782 – 784 页。

戒烟的学生给予精神和物质奖励。

该研究对干预效果的评价是通过发放《广州市中学生吸烟状况调查问卷》的方式进行的，问卷内容包括学生的基本情况、吸烟相关的知识、吸烟相关的态度和个人吸烟行为等内容。从表16-1可知，干预组学生的吸烟相关知识得分均值由基线调查时的9.0分增至1年后的11.5分，对照组则由8.1分上升至9.5分，前者增幅高于后者。干预前，对照组和干预组学生的尝试吸烟率分别为21.5%和18.6%，两者差异无统计学意义（$P > 0.05$）；干预后，对照组的尝试吸烟率升至25.8%，干预组升至21.5%，两者差异有统计学意义（$P < 0.05$）。基线时两组的每周吸烟率差异无统计学意义（对照组5.1%，干预组4.1%，$P > 0.05$），1年后两组差异有统计学意义（对照组9.8%，干预组5.3%，$P < 0.001$）。同期，对照组的现在吸烟率由3.88%升至7.27%，而干预组由2.54%升至4.26%，后者升幅低于前者。对照组规律吸烟学生的尝试戒烟率由2004年的72.5%降至2005年的65.6%（$P > 0.05$），而干预组则明显上升（$P < 0.05$）。[1]

---

[1] 研究者对同一群体进行一年之后的随访发现，该群体尝试吸烟率上升或保持不变。干预措施只能降低尝试吸烟率的上升幅度。该研究采用的干预措施明显提高了学生们吸烟相关知识得分，并在一定程度上抑制了学生吸烟行为的增长，特别是显著地抑制了学生的每周吸烟率、每天吸烟率及现在吸烟率3个指标的上升，对尝试吸烟率的影响却非常有限。

表 16-1　学生吸烟相关知识与态度的变化

学校	人数	初一学生吸烟相关知识 ($\bar{x} \pm s$)			初一学生吸烟相关态度 ($\bar{x} \pm s$)			初二学生吸烟相关知识 ($\bar{x} \pm s$)			初二学生吸烟相关态度 ($\bar{x} \pm s$)		
		2004年	2005年	Δ差值	2004年	2005年	Δ差值	2004年	2005年	Δ差值	2004年	2005年	Δ差值
公立													
对照A校	685	7.8±2.7	9.7±3.2	1.9	68.9±9.1	68.1±10.3	−0.8	8.9±2.7	10.0±2.6	1.1	68.0±9.5	66.8±11.4	−1.2
干预B校	1091	8.7±2.9	11.0±3.4	2.3	68.4±9.8	67.1±10.5	−1.3	9.2±3.0	11.4±3.1	2.2	69.1±9.2	68.4±11.0	−0.7
t值		4.62	5.45		0.64	1.36		1.59	7.29		1.83	2.15	
P值		<0.001	<0.001		0.522	0.173		0.111	<0.001		0.067	0.031	
民营													
对照C校	319	7.3±2.9	8.5±2.9	1.2	66.2±8.6	65.1±8.8	−1.1	8.0±2.6	8.8±2.6	0.8	66.0±8.5	64.1±9.1	−1.9
干预D校	248	8.3±2.7	12.8±3.7	4.5	67.7±9.0	68.9±10.9	−1.2	9.9±2.5	13.5±3.5	3.6	68.0±8.4	69.9±7.5	1.9
t值		3.20	11.08		1.45	3.23		5.83	10.88		1.87	5.00	
P值		0.001	<0.001		0.149	0.001		<0.001	<0.001		0.063	<0.001	
合计													
对照两校	1004	7.6±2.8	9.3±3.1	1.7	68.0±9.0	67.2±10.0	−0.8	8.7±2.7	9.8±2.6	1.1	67.4±9.2	66.3±11.1	−1.1
干预两校	1339	8.7±2.9	11.3±3.5	2.6	68.3±9.7	67.5±10.6	−0.8	9.3±2.9	11.7±3.3	2.4	69.0±9.1	68.6±10.5	−0.4

续表 16-1

学校	人数	初一学生吸烟相关知识 ($\bar{x}\pm s$)			初一学生吸烟相关态度 ($\bar{x}\pm s$)			初二学生吸烟相关知识 ($\bar{x}\pm s$)			初二学生吸烟相关态度 ($\bar{x}\pm s$)		
		2004 年	2005 年	Δ 差值	2004 年	2005 年	Δ 差值	2004 年	2005 年	Δ 差值	2004 年	2005 年	Δ 差值
t 值		6.04	9.99		0.57	0.480		4.07	10.92		2.86	3.67	
P 值		<0.001	<0.001		0.571	0.631		<0.001	<0.001		0.004	<0.001	

资料来源：文孝忠、陈维清、梁彩花等《健康促进学校初中生控制吸烟干预效果评价》，载《中国公共卫生》2007 年第 7 期，第 782－784 页。

另一项关于广州市2008年与2013年青少年吸烟和饮酒行为比较的研究①，对广州市青少年健康危险行为监测的相关数据进行了分析，以了解广州市青少年吸烟与饮酒行为发生率水平及变化趋势，结果发现广州市青少年吸烟行为发生率有所下降（见表16-2）。学校健康教育与健康促进，为青少年预防烟草危害提供了合适的策略和方法。在党的领导下，我国正走在为人民健康的正确大道上，并取得一些进步。随着时代的发展，人们遇到的健康问题会越来越多，健康教育和促进的模式要与时俱进，应继续加强学校健康教育与健康促进，解决人民健康问题。

表16-2 2008年与2013年广州市城市和农村地区青少年吸烟与饮酒行为发生率比较

单位：%

吸烟与饮酒行为	2008年（$n=11939$）			2013年（$n=12750$）		
	城市	农村	χ^2值	城市	农村	χ^2值
尝试吸烟	24.61	30.40	46.27**	20.16*	28.11*	91.09**
过去30天吸过烟	7.79	12.92	81.94**	5.29*	8.85*	56.14**
过去30天吸烟>5支/天	1.94	1.70	0.84	1.18*	1.30	0.31
尝试饮酒	63.54	55.11	80.27**	66.67*	67.16*	0.27
过去30天饮过酒	29.05	28.99	0.01	29.91	29.85	0.00
过去30天有重度饮酒	11.46	10.63	1.87	10.91	12.07*	3.50

① 参见刘伟、郭重山、林蓉等《广州市2008年及2013年青少年吸烟和饮酒行为比较》，载《中国学校卫生》2015年第6期，第834-836页。

续表 16-2

吸烟与饮酒行为	2008 年（$n=11939$）			2013 年（$n=12750$）		
	城市	农村	χ^2值	城市	农村	χ^2值
过去 12 个月醉过酒	14.03	16.56	13.61**	14.04	18.75*	44.46**

注：** $P<0.01$；与 2008 年同组别比较，* $P<0.05$。
资料来源：刘伟、郭重山、林蓉等《广州市 2008 年及 2013 年青少年吸烟和饮酒行为比较》，载《中国学校卫生》2015 年第 6 期，第 834-836 页。

（二）案例分析

以"健康促进学校初中生控制吸烟干预效果评价"研究为案例，围绕"学校健康教育与健康促进的实施""健康教育和健康促进主要理论与学校应用""健康教育与健康促进的主要模式""学校健康教育与健康促进的评价"设置讨论题目。通过案例分析，让学生了解学校健康教育与健康促进对儿童青少年健康的重要作用，掌握健康教育与健康促进的评价方法。同时，通过对我国青少年烟草使用情况变化的背景信息介绍，让学生体会公共卫生对人类健康的促进作用以及我国以预防为主的卫生与健康工作方针与战略的优势，使学生树立文化自信感，践行社会主义核心价值观，培养学生做事积极认真的态度、创新精神、爱国情怀和社会责任感。

（1）对于该研究中的健康教育与健康促进干预，学校采用了哪些教学方式？还有哪些是可以改进的？

该研究采用的健康教育方法多种多样，包括传统健康教育方法，如课堂讲授、讲座、示教等，以及利用宣传小册子、黑板报或宣传画等让学生获得相关知识与技能。同时，该研究还采用了很多以吸烟为主题的学生参与式健康教育方法，如小组讨论和案例分析、游戏和活动、辩论和演讲、参观采访、同伴教育等。这些方式寓教于乐，不仅能提高学生兴趣，促进学生思考，而且可以锻炼学生的表达能力、知识运用能力，使学生发挥创造力，多角度理解与阐述问题。如今，网络信息技术快速发展，学校可以更多地利用大众媒介（微信、微博等）、视听教具、网络系统性学习等方法加快信息传播速度，扩大受众面，使覆盖内容更广并且更适合现代学生的生活方式。

（2）该研究运用了哪些健康教育和健康促进主要理论与模式？

该研究结果运用了健康教育中传统的认知理论与行为转变阶段模式，即"健康知识的提高、健康态度的转变、健康行为的改变"三部曲，但又不能完全用该理论来解释。学生吸烟行为在其对吸烟的态度改变并不明显的情况下能够较大程度地受到抑制，其原因很可能是支持性健康环境（学校和家庭）的约束和反馈作用。此外，该研究还运用了生活技能理论与组织改变理论。生活技能教育（life skills-based education）可以促进心理社会能力在适宜的文化背景下的实践，促进个体和社会的发展，保障人权，预防可能出现的健康和社会问题。在该研究中，对学生进行拒吸第一支烟、抵御吸烟同伴压力、科学戒烟法和要求不被动吸烟的权利等个人技能培训就是很好地应用了生活技能教育。组织改变理论（theory organizational change）是通过人群所在组织的改变、规章制度和管理模式的完善，实现对组织内的全体人群的干预。运用组织改变理论通常会经历四个阶段：确立问题或认知阶段、初期行动阶段、执行阶段、制度化阶段。该研究首先通过提高学校管理层对"无烟学校"的认知，强化管理层对创建"无烟学校"的支持行为，接着成立控烟与健康委员会或领导小组，制定具体干预措施和实施步骤并执行，最后对前期工作进行总结，将有效措施制度化，才能使干预效果显著，且具有良好的可持续性。该研究已提示将健康促进学校模式应用于青少年控烟可行、有效,后续还需要更多公共卫生专业人才推广系统有效的健康促进学校措施与制度。

(3) 请简述本研究采用的健康教育与健康促进的评价类型、评价方法和评价指标(维度)。

评价类型:健康教育活动效果评价,评价知识、态度、行为的变化。

评价方法:调查问卷。在参考国内外文献和咨询控烟专家的基础上设计的《广州市中学生吸烟状况调查问卷》。

评价维度与指标:学生吸烟相关知识的改变、学生吸烟相关态度的改变、学生吸烟行为的改变以及规律吸烟学生的戒烟行为。

(4) 请根据青年学生远离烟草教育的核心知识,运用封闭式和开放式问题设计一份广州市中学生吸烟状况调查问卷,用于评价学生的知识、态度、技能和行为。

调查问卷:

1) 您的性别是?(　　)

A. 男　　B. 女

2) 您吸烟吗?(　　)

A. 不吸　B. 一直吸　C. 以前吸,已戒　D. 偶尔吸一两次

3) 您的烟龄有多久?(　　)

A. 1年以下　B. 1~2年　C. 2年以上　D. 不吸烟

4) 您对家长吸烟的行为是否满意?(　　)

A. 不满意　B. 满意　C. 极其不满并劝阻　D. 顺其自然

5) 如果您吸烟,您对吸烟的看法是?(　　)

A. 耍酷、时尚　　B. 好奇　　C. 吸引异性注意

D. 感觉自己长大了

6) 您认为吸烟者吸烟的原因是?(　　)

A. 家庭影响　　B. 盲目跟风、时尚　　C. 朋友的劝说

D. 影视等媒体的传播　　E. 其他原因

7）如果您的家长或朋友在吸烟，您是否会进行劝阻？（　　）

A. 会　　B. 不会

8）下面哪一天为国际禁烟日？

A. 10月1日　B. 4月4日　C. 5月31日　D. 3月12日

9）如果您不吸烟，您对吸烟的态度是？（　　）

A. 反感并劝阻　　B. 反感但不劝阻　　C. 无所谓

D. 赞成吸烟

10）您的学校有没有宣传过禁烟？（　　）

A. 有　　B. 没有

11）假如您吸烟，您觉得您的同学会怎么看您？（　　）

A. 反感　　B. 自豪　　C. 漠然　　D. 无所谓

12）您对二手烟反感吗？（　　）

A. 反感　　B. 不反感

13）请您为禁烟想一个办法。

预防青少年吸烟，是遏制烟草流行、减少烟草危害的关键措施。通过案例分析，使学生树立文化自信感，践行社会主义核心价值观，继承和发扬中华民族优秀传统文化。同时，培养学生做事积极认真的态度，意识到预防医学与公共卫生专业人才的职业责任和使命，增强专业认同感。

参考文献

[1] 健康中国行动推进委员会. 健康中国行动（2019—2030年）[EB/OL]. （2019-07-15）[2022-11-01]. http://www.gov.cn/xinwen/2019-07/15/content_5409694.htm.

[2] 刘伟, 郭重山, 林蓉, 等. 广州市2008年及2013年青少年吸烟和饮酒行为比较[J]. 中国学校卫生, 2015, 36（6）：

834-836.

［3］陶芳标. 儿童少年卫生学［M］. 8版. 北京：人民卫生出版社，2017.

［4］文孝忠，陈维清，梁彩花，等. 健康促进学校初中生控制吸烟干预效果评价［J］. 中国公共卫生，2007，23（7）：782-784.

［5］中共中央 国务院印发《"健康中国2030"规划纲要》［EB/OL］.（2016-10-25）［2022-11-01］. http://www.gov.cn/xinwen/2016-10/25/content_5124174.htm.

（朱艳娜）

第十七章　学校突发公共卫生事件应急处理

第一节　课程思政教学设计

一、案例教学适用范围

本案例适用于"儿童少年卫生学"本科生和研究生课程中学校突发公共卫生事件应急处理相关章节的教学。

二、课程教学目标

1. 知识目标

（1）掌握学校突发公共卫生事件、学校传染病事件、学校食物中毒事故的定义。

（2）熟悉各类学校突发公共卫生事件的预防措施和应急处理措施，熟悉学校突发公共卫生事件的分级。

（3）了解学校传染病事件、学校食物中毒事故、群体心因性反应的应急处理措施。

2. 能力目标

（1）通过案例分析，让学生清楚了解学校突发公共卫生事件、学校传染病事件、学校食物中毒事件的范围及具体示例。

（2）结合新冠疫情，让学生了解学校突发公共卫生事件的分级及相应的学校突发公共卫生事件的预防措施和应急处理措施。

（3）通过案例分析，让学生了解学校传染病事件、学校食物中毒事件、群体心因性反应的应急处理措施。

3. 价值目标

（1）通过小组案例分析的教学活动，增强学生的学习主动性、成就感和自信心，培养学生的团队协作能力。

（2）通过案例教学，让学生了解突发公共卫生事件中的各类措施，学会灵活联系实际探讨科学问题，培养学生的社会责任感。

三、教学方法

本章课程适宜采用翻转课堂教学。学生提前自学慕课和讨论案例，线下理论课程授课可充分结合教师讲授、学生听课、小组案例分析等授课形式。教师提出讨论问题，将课程教学的知识目标、能力目标和价值目标融入案例分析。

第二节　课程思政案例及分析

学校群体心因性反应事件

（一）案例内容

近年来，全球社会影响较大的突发公共卫生事件频发，不但严重影响人民群众的身心健康，而且给社会生产、人民群众的生活造成了巨大的困扰。随着对突发公共卫生事件认识的不断深入，预防和应对策略也不断改进和提高。

突发公共卫生事件是指突然发生，造成或者可能造成社会公众健康严重损害的重大传染病疫情、群体性不明原因疾病、重大食物和职业中毒以及其他严重影响公众健康的事件。学校突发公共卫生事件是指在学校内突然发生，造成或可能造成师生员工健康严重损害的重大传染病疫情、群体性不明原因疾病、重大食物或职业中毒以及其他严重影响师生员工健康的公共卫生事件。

2006年，卫生部颁发了《国家突发公共卫生事件应急预案》。该预案规定，根据突发公共卫生事件性质、危害程度、涉及范围，突发公共卫生事件划分为特别重大（Ⅰ级）、重大（Ⅱ级）、较大（Ⅲ级）和一般（Ⅳ级）四级。依据该规定，教育部于2006年相应颁布了《教育系统突发公共卫生事件应急预案》，预案中将学校突发公共卫生事件按照严重程度由高到低亦分为Ⅰ级（特别重大）、Ⅱ级（重大）、Ⅲ级（较大）和Ⅳ级（一般）四级，并在应急预警时分别用红色、橙色、黄色和蓝色来标示。

学校突发公共卫生事件的类型主要分为七类：①重大传染病疫情；②预防接种和预防服药群体性不良事件；③群体性不明原因疾病；④食物中毒；⑤其他中毒；⑥环境因素事件（如工业废气）；⑦意外辐射照射事件。近20年来，重大传染病疫情时有发生。例如，从2003年的SARS开始，以及后来相继出现的禽流感、寨卡病毒病、埃博拉出血热等传染病。特别是从2019年12月开始的新冠疫情，给社会经济和生活造成了巨大影响。这些传染病的流行，提示我们应积极研究和建立健全相关应对措施，千万不能放松对学校传染病的预防，否则将对学校教学秩序和师生员工健康产生严重的影响。

群体心因性反应是一种常见的学校突发公共卫生事件，是一种群体精神性反应，在一定社会文化背景条件下，在两人或两人以上的群体中发生，具有躯体性疾病的症候群，但没有可检测出的器质性变化的病症，又称群体性癔症（colonial hysterics）。

群体心因性反应事件在早期因原因不清，极易在学生和家长中引发恐慌，因此需要重视群体心因性反应事件的早期识别工作，提前制定相应的应急处置预案。

江苏省淮安市国内沿海某镇中心小学，平时有300多名学生在学校食堂进餐，约三分之二是留守儿童。9月份的某天晚上，该校学生吃过晚餐后，许多学生不同程度地出现了"中毒"症状。据学生家长反映，学生"脸色苍白，没有精神，浑身无力"。学生表示"胸闷、心慌、恶心"，怀疑是晚餐吃的"白菜豆腐"有问题。学校当即组织学生到当地医院就诊，经输液治疗后，所有学生症状缓解，无死亡、重症情况发生，且于当晚全部从医院返回。

最早出现症状反应的是一位四年级女学生。该学生于晚上7点30分在学校食堂吃过晚饭后，走到教室外就感觉胸闷头晕，回到班级后询问其他同学有无这些症状，结果全班23位同学中有18位最终反映有相似症状表现。老师在得知情况后，又在学校内其他班级中询问学生是否有类似症状，得知在食堂进餐的300多名学生中有一大半有相似症状。学校当即组织学生到医院就诊，经检查最终确定入院检查学生中有109名学生有不舒服的症状。

当晚11时，当地教育局和卫生局组成了联合专家组到医院集体会诊。看到学生的情况后，专家们对学生食物中毒表示质疑。因为学生的症状表现与常见的细菌性食物中毒和化学性食物中毒症状不符，且大部分学生在医院用葡萄糖生理盐水输液处理后，头晕、恶心的症状就基本消失了，当晚109名学生全部离开了医院。为保险起见，当晚食堂的食物全部封存送检，结果显示

20多项指标经检测均正常，未发现食物中毒的致病因素。据此，专家组经过会诊初步判定学生们的这种不良反应为"群体性癔症"，即群体心因性反应。

学校向学生家长解释了问题的原因后，大部分家长仍然不放心，在学校门口守了一夜，直到第二天上午的课程结束，仍有一部分家长不放心地守在学校门口。

卫生局的专家表示，事发当晚，当地天气突变，个别学生可能着凉不舒服，加上学生之间存在心理暗示性，学校和老师也缺乏相关的应急处理能力及心理干预能力，极易导致学生中出现强烈的心理反应。[1]

（二）案例分析

由以上案例可见，学校群体心因性反应事件有特定的发生、发展过程和特点。掌握相关知识和应急处置能力，有助于减少该类事件对学生、学校和家长造成的不良影响，避免进一步发展为社会性恐慌事件。

以既往学校群体心因性反应事件为例，围绕"学校突发公共卫生事件应急处理"设置案例分析题目，通过案例分析让学生了解对学校突发公共卫生事件的管理规定及处理措施。

（1）简述学校群体心因性反应事件的触发因素以及流行病学特点。

学校群体心因性反应的触发因素以公共卫生事件为主。这些常见公共卫生事件的触发因素包括预防接种、服用预防/治疗药物、呼吸被"污染"的空气、食用食物等，约占总事件的比例为75%；其他触发因素为精神因素，如迷信谣传、疲劳、紧张等。

---

[1] 参见杨威《淮安百余名学生集体出现心因性反应》，江苏城市电视频道《绝对现场》栏目，2008年9月27日。

学校群体心因性反应的流行病学特点：①一般多发于农村，尤其是偏僻落后的农村。②小学和初中多发。事件的反应率与年龄的关系往往成倒"U"形，多见于8～15岁的儿童。③女生多于男生。④通常患者的人格特征具有认知能力偏差、易接受心理暗示的特点。⑤传播特点为发病以"离心"趋势扩散。病例一般出现在有相同生活文化背景的群体，在其他存在相同可疑触发因素（如使用同类同生产批次的预防性药物、疫苗，或其他疑似病因）的场所，无类似病例发生。⑥临床症状表现缺乏客观证据，无须特异性治疗。

（2）学校群体心因性反应事件作为一种常见的学校突发公共卫生事件，其应急处理的关键是及早确定病因，请简述确定病因的步骤以及现场应急处置的措施。政府和学校应如何应对学校群体心因性反应事件？

学校群体心因性反应事件确定病因的步骤包括六点：①查明此类事件的流行分布，形成病因假设。②确定发病高峰。③确定人群分布，计算发病者的性别比例、年龄范围及其他人口学和社会学特征。④确定场所分布。⑤分析以上流行病学特征，检验病因假设。⑥经实验室诊断，结合排除法，最终确定病因。

学校群体心因性反应事件的现场应急处置措施包括四个方面：①隔离患者。立即将首发、继发病例转移出现场，适当隔离。②消除紧张性情绪环境。在隔离的同时，引导其他学生也从该环境撤离，缓解其情绪激动的精神因素。消除来自周围环境的不良言语、动作暗示。医生认真做详细检查，解释病情，使相关人员对治疗建立信心；用简短有力、充满信心的话语对患者进行鼓励和保证。待患者症状缓解后，医生帮助患者分析发病的主客观原因，指导患者及其家属消除相关不良精神因素，有针对性地改善生活环境，减少复发。③对症治疗。④心理治疗。采用移情解释法或暗示疗法，着重治疗关键患者（首发患者）。争取家长配合，共同运用良性诱导方式帮助患者尽早康复，防止复发。

政府和学校应对学校群体心因性反应事件的做法：①各级政府及其卫生、教育管理机构应根据群体心因性反应流行特点及临床表现建立应急预案，及时、正确处置学校群体心因性反应突发公共卫生事件，减轻不良社会影响，减少其对社会资源（如社区急诊服务、公共卫生资源和环境资源）造成的浪费。②从儿童少年心理健康的角度，应对学校群体心因性反应重要的是要普及心理健康教育，提高师生的心理素质，破除迷信，树立科学的世界观。学校应在心理事件应急处置上做好相关准备，对老师和管理人员进行培训，做到出现群体心因性反应时有预案、有能力及时处理。

（3）总结学校突发公共卫生事件应急预案的主要内容。

第一，建立学校突发公共卫生事件应急小组，对学校内突发公共卫生事件应急处理工作进行督查与指导，制定应急处理机构职责，责任到人。

第二，做好突发公共卫生事件的监测和预防。配合各级卫生部门制订监测计划，对早期潜在隐患及时处理。大力开展突发公共卫生事件的预防，做好宣传教育工作，严格执行相关规章制度。

第三，建立校内突发公共卫生事件的报告制度，所有人不得隐瞒或谎报。一旦有相关病例出现，立即按照规定层层上报。

第四，发生突发公共卫生事件时，应该及时将病例与健康人群隔离，并做好相关心理疏导工作，安抚好师生和家长，以尽快恢复正常的教学秩序。

参考文献

[1] 季成叶. 现代儿童少年卫生学 [M]. 2版. 北京：人民卫生出版社，2010.

［2］陶芳标. 儿童少年卫生学［M］. 8 版. 北京：人民卫生出版社，2017.

（王庆雄）